영조를 만든
경종의 그늘

영조를 만든 경종의 그늘

정치적 암투 속에 피어난 형제애

| 이종호 지음 |

글항아리

----- 머리말

    이 책은 조선 제20대 왕인 경종과 그 뒤를 이은 영조 간의 형제애를 주제로 하고 있다. 다 알다시피 이들은 이복형제 간이고 화합하기 어려운 면이 많았다. 생모들의 사이가 좋지 않은 데다, 이들을 둘러싼 당파 간의 극심한 대립이 치유하기 어려운 갈등을 야기할 수 있었다. 실제로 그러한 면이 없지 않아 어려운 시련을 겪기도 한다. 경종의 사후 영조에 대한 반란이 있었던 것도 그러한 시련 중 하나로 볼 수 있다.
    이제까지 많은 책들이 이들의 갈등관계를 다루었다. 권력을 두고 둘 사이에 어떤 양상이 있었느냐 하는 데 초점을 맞추어왔다. 그 결과 근자에는 영조가 경종을 독살했다는 설까지 널리 유포되고 있을 정도이다. 그런데 나는 갈등관계보다 그동안 조명되지 못한 이들 형제간의 우애를 다루고 싶었다. 18세기 조선을 잘 이끌어가도록 만든 힘은 갈등보다 우애에 있다고 보기 때문이다. 사회를 보는 두 가지 관점인 갈등과 통합에서 나는 후자를 택한 셈이다.
    바로 이런 면에서 나는 소위 영조에 의한 경종의 독살설도 전혀 사실이 아니라는 입장에 선다. 독살 여부를 밝히는 것이 이 책의 중심 과제는 물론 아니다. 그러나 이들 형제간의 우애를 다루자니 불가피하게 그에 대한 논의를 할 수밖에 없었다. 이를 위해 의사들의 전문적인 견해를 들어보기도 하였다. 실록의 관련 기록을 충분히 살피고, 앞뒤 인과관계를 따져보면 절대 독살로 볼 수 없다는 것이 나의 확고한 생각이다. 그 이유들은 본문에 구체적인 근거를 들어 언급하고 있다.

경종이 건강하지 못했다는 사실은 오늘날 잘 알려져 있다. 성격적으로 과단성이 부족하여 신하들로부터 업신여김을 받은 면도 없지 않았다. 그는 말을 더듬는 등의 언어장애도 가지고 있어 통치에 어려움을 겪기도 했다. 그의 생장과정에서 파생되었을 이 언어장애를 이 책에서는 실어증aphasia으로 규정하고 여러 서술과정에서 언급하고 있다. 오늘날 그가 흔히 무기력한 군주로 인식되는 것도 사실은 여기서 기인하는 면이 많다고 생각된다. 그런데도 지금까지 경종과 관련된 글에서 그의 실어증에 대해서는 별다른 언급이 없었던 점은 이상스럽게 보일 정도이다. 비운의 군주 경종에 대해서 사실적인 면에서의 연구가 너무 부족하지 않았는가 하는 자성이 필요하다고 생각된다.

책의 후반부에서 언급하듯이 18세기 조선의 중흥을 이끈 영조의 탕평책이 나오는 기반도 경종이 영조에게 베푼 형으로서의 넓은 아량 때문에 가능했다. 경종이 소론의 집요한 탄핵에 온몸으로 맞서 동생을 보호하지 못했다면 영조는 왕이 되지 못했을 것이고, 우리가 아는 역사도 많이 달라져 있을지 모른다.

경종이 동생 영조를 정치적 음해에서 지켜내는 대목은 동시에 경종이라는 '그림자 왕'을 당시의 권력투쟁을 주도한 실질적인 리더로 규명해내는 과정과도 일치한다. 경종이 집권 초기 소론을 집중 등용함으로써 노론을 견제하려고 시도한 것은 예사롭게 볼 일이 아니다. 그는 생각보다 권모가 있는 왕이었다. 즉위하자마자 노론이 왕세제를 정치에 참여시킴으로써 자신을 상왕으로 밀어내려는 시도를 했을 때도 그의 반응은 보기에 따라 주목을 요하는 바가 있다. 그는 아예 왕세제가 대리청정케 하는 카드를 내놓음으로써 자신에게 불리한 정국을 단숨에 역전시켜 문제 해결의 열쇠를 낚아채는 수완을 보여주기도 했다. 게다가 세자이자 동생인 영조를 우애에 찬 마음으로 신뢰하면서도 자칫 그가 주변 정치세력의 충동에 못 이겨 경거망동하지 않도록 끊임없이 경고의 신호를 보냈다. 이것도 노련한 정객으로서의 경종이 지닌 면모를 발견하게 되는 대목이 아닐까 싶다. 경종은 오랜 기간 세자로서의 수업을 받았고, 어머니 장희빈이 사약을 마시고 죽는 광경을 뜬눈으로 목격했다. 그리고 정치적 시험 무대였던 숙종 말기의 대리청정 4년의 시간을 꿋꿋하게 버틴 후 서른 살이 넘은 나이에 조선의 왕에 오른 인물이다. 이런 그의 경력과 재위 시의 여러 사건을 관련지어 생각해볼 때 우리가 그동안 경종을 얼마나 근거 없이 무시해왔는지 알 수 있으리라 생각된다.

    이 책의 후반부에서는 경종의 사후 영조가 평생에 걸쳐 형을 경모하는 모습을 기록에 근거하여 서술하고 있다. 가슴 찡하게 만드는 우애에 찬 모습은 갈등만으로 이들 사이를 볼 수 없는 단단한 근거로 받아들여질 수 있을 것이다. 영조의 독살설을 믿는 입장에서는 그것도 가식이나 참회에 따른 모습으로 간주할지 모르겠다. 그러나 그렇게 보기에는 경종에 대한 영조의 경모하는 모습이 너무나 진지하고 자연스러우며 감동적이기까지 하다. 실제로 형인 경종의 강력한 보호와 이해를 받지 못했다면 영조의 등극은 어려웠을 수도 있기 때문에 그런 감동을 불러오는 것이다.

역사를 움직이는 힘은 경쟁이나 갈등, 혁명 등의 살벌한 원인들에서만 구할 수 있는 것이 아니라고 본다. 협동과 우애, 상호부조 등의 정신도 아주 중요하게 인식될 필요가 있다. 그리고 그런 협동과 우애는 권력쟁투의 한복판에서 동시에 일어날 수 있는 정치적인 과정이라고 생각한다. 근래에 이러한 협화적 정신에 주목하는 움직임이 인문사회과학 연구에서 나타나고 있는 점은 매우 좋은 현상이라고 본다.

책을 출판하면서 글항아리 편집부에서 교정·교열에 애써준 점을 고맙게 생각한다. 그 외에 도움을 주신 다른 많은 분들에게도 감사의 마음을 전하고 싶다. 거기에는 교정과정에서 적지 않은 조언을 해준 나의 안사람도 포함된다.

2009년 2월
이종호

차례

머리말 _ 004

프롤로그 형제를 위하여 _ 011

【제1부】 비극의 서막

세상에 던져진 형제 _ 017
상반된 상황에서의 형제 _ 029
윤, 험난한 세월을 살다 _ 040
부왕의 임종 앞에서 _ 057

【제2부】 거대한 역전

세자 책립 _ 067
국정의 대리 문제 _ 094
윤의 정치적 승부수로서의 '대리청정' _ 118
노론을 숙청하는 윤 _ 134

임금으로서의 윤 – 경종의 재발견 _ 143
환관들의 모해 _ 161
또다른 모략 – 목호룡의 고변 _ 184
교문敎文의 의문 _ 195
우애는 변함없다 _ 204
윤의 타계 – 독살설에 대한 반론 _ 208

【제3부】 끝없는 우애

형을 이은 아우 _ 223
망형에의 빚 갚기 _ 232
의심받는 우애 _ 237
'황형'에 대한 회억回憶 _ 247

에필로그 _ 265

참고문헌 _ 271

___ 프롤로그

형제를 위하여

재위 20년(1744) 2월 4일에 금昑(영조)은 어린 사도세자를 데리고 영휘전永禧殿을 찾았다. 배례를 행한 뒤 그는 황형(경종, 이름은 윤昀)에 대한 추억에 젖는다.

"내가 계묘년癸卯年(1723)에 경묘를 모시고 이 전에 배알했었는데, 오늘 봉심奉審(능이나 영전을 살피는 것)에는 원량元良(세자)이 나를 따라왔다. 지난날을 생각하니 저절로 감회가 깊어지는구나."

그러면서 절구 한 수를 지어 벽에 걸었는데, 그 내용의 일부는 이렇다.

계묘년에서 지금까지 22년이 되었거니 癸卯于今廿二春
그 당시 어찌 오늘이 있을 줄 알았으랴 當年豈意有玆辰

경종 3년인 계묘년이라면 소론 강경파의 핍박으로 인해 금의 앞날은 예측하기 어려운 때였다. 그런데 그 모든 것을 이겨내고 지금은 왕이 되어 있다. 자신의 뒤를 이을 어린 세자도 함께 와 있으니 마음이 한층 더 기쁘다. 왕통이 무사히 이어지게 됐으니, 이게 누구의 덕인가? 어려운 가운데도 한없이 인자한 마음으로 자신을 이해하고 감싸준 황형의 덕이 아니고 무엇이겠는가? 그리하여 우러나오는 마음으로 위와 같은 구절을 읊고 있는 것이다.

같은 해인 1744년 6월 28일(정해)에도 황형의 제사를 앞두고 재계齋戒(부정을 멀리하고 심신을 깨끗하게 지키는 것)를 하면서 역시 사도세자에게 다음과 같은 내용이 담긴 글을 내려 가르치고 있다.

"세상에 형제 없는 사람이 있겠느냐만, 어찌 나와 같은 사람이 있겠느냐? 오늘날 내가 있는 것은 바로 황형께서 내려주신 것이고, 황수皇嫂(경종의 계비 선의왕후)의 은혜이기도 하다. (…) 내가 비록 형을 공손하게 잘 섬기지는 못했다만, 어찌 단지 너에게 권면하기 위해서 억지로 이 글을 짓는 것이겠느냐? 아! 요순堯舜 임금의 도리도 효제孝悌(효도와 우애)에 지나지 않았으니, 훗날 네가 종묘와 능에서 나를 섬기는 마음으로 황형과 황수를 섬긴다면, 네가 그저 어버이의 마음을 본받는 것뿐이겠느냐? (…) 밤중에 감회가 일어나 참지 못하고 승선承宣(승지의 별칭)을 불러 구술하는 대로 적게 하였는데, 이제 제사 지내는 시간이 되어 멀리 (황형의 능이 있는) 동교를 바라보니 심장이 떨어지는 것만 같구나. (…) 생각이 여기에 미치니 눈물과 콧물이 얼굴을 덮는다. 아! 너 원량은 마음에 잊지 말고 (내가 당부한 것을) 새겨두도록 하여라."

내가 죽고 나면 정말로 세자가 나의 마음처럼 황형과 황수에게 지극한 마음으로 추모할 수 있을까? 이런 의구심이 드니 제사를 맞아 더욱 공경하는 마음이 들어 금은 이토록 당부를 하고 있는 것이다.

그들(경종과 영조)의 아버지(숙종)는 무책임하고 변덕스러운 왕이었다. 사내로서의 그가 수많은 여자들을 안거나 버리기를 밥 먹듯이 한 것도 그 때문이다. 어떤 여자에게는 사정없이 죽음도 내렸다.

적지 않은 주위 사람들이 그의 변덕스러운 권력으로 인해 억울하게 죽기도 했다. 그로 인해 당파 싸움은 더욱 치열해지고 피비린내를 풍길 수밖에 없었다. 그들은 이러한 아버지를 둔 이복형제였다. 아버지가 일으키는 비정한 풍랑이 그들과 무관할 수는 없었다.

그들의 어머니들은 결코 좋은 사이가 아니었다. 『숙종실록』이 전하는 바에 따르면 한쪽(윤의 어머니 장희빈)이 죽는데, 다른 한쪽(금의 어머니 숙빈 최씨)에서 결정적인 역할을 한 것으로 되어 있을 정도다. 왕이라는 한 남자를 두고 그들의 어머니들은 서로 질투하고 미워할 수밖에 없는 사이였다. 그것도 아주 극심하게.

그들 두 사람 주위에는 형제애를 해칠 인간들이 득실거렸다. 모두 부귀와 권력 혹은 나름대로의 소신에 따라 두 사람 중 어느 한쪽에 붙고자 했던 이들이다. 당파의 이해에 따라 두 사람 사이를 떼어 놓으려는 이간질도 이들은 서슴지 않았다. 그 결과 두 사람 사이에는 위태로운 사태가 여러 번 발생했다.

위에서 살펴본 삶의 여건들은 어느 면에서 보나 평범함과는 거리가 멀다. 왕자라는 행운에도 불구하고 그들을 불행으로 몰고 갈 개연성이 다분해 보인다. 그럼에도 결과에서 그들은 형제애를 온전하게 유지했다. 모두가 왕이 될 수 있었고, 우애 깊은 형과 아우로 자신들의 생애를 마감했다. 불행을 이겨내고 둘 사이의 행복을 일구어낸 것이다.

문예부흥기로 일컬어지기도 하는 18세기의 조선! 그 조선을 열 수 있었던 단서도 그들의 형제애가 없었다면 어려웠을 것이다. 이들의 형제애를 모르고 18세기의 조선, 근대 여명기의 한국을 말할 수는 없다. 권력이라는 쓰레기통 속에서 그들은 우애의 꽃 한 송이를을 피워올렸다고 해도 과언이 아니다.

【제1부】
비극의 서막

- 세상에 던져진 형제
- 상반된 상황에서의 형제
- 융, 험난한 세월을 살다
- 부왕의 임종 앞에서

세상에 던져진 형제

형제의 태어남은 단순한 출생이 아니었다. 그들은 그야말로 말 많고, 탈 많은 세상에 던져진 것이었다. 자신들의 의지와 상관없이 만들어진 삶의 출발부터 그들은 평범하지 않은 세계 속에 살아야 했다. 모두 왕자로 태어난 것부터가 우선 그랬다. 부귀영화를 이미 가지고 태어났으니 평생 그것을 구하다가 죽을 뿐인 보통 사람들과는 같을 수가 없다. 하지만 왕가에 태어난다는 것이 반드시 좋은 일만은 아니다. 권력의 암투로 인해 죄 없이 죽기 십상인 게 왕자의 운명일 수 있다.

왕자들 간의 우애란 권력 앞에 허무하게 무너지는 경우가 다반사였다. 그들에게도 우애가 귀중하게 생각되지 않는 것은 아니었다. 그러나 냉정하게 떨쳐버릴 때는 그야말로 장식품처럼 내던질 수 있는 것이 그들 세계의 우애였다.

그들 형제는 이런 왕가에 태어났다. 게다가 정실의 왕비가 아닌 후궁의 소생들이었으니 위험 요소가 잠재해 있었다. 정실 왕비와 후궁인 그들 어머니와의 관계 여하에 따라 형제의 운명도 파란을 맞을 수밖에 없기 때문이다.

세자 책립과 어머니의 죽음

형 경종 윤(昀)은 아버지 숙종이 재위 14년째 되던 1688년 12월에 태어났다. 어머니 장희빈이 한창 아버지의 사랑을 받고 있던 때여서 출생과 더불어 그에게는 커다란 혜택이 따른다. 태어난 지 불과 한 달여 만에 장차 세자가 되기 위한 원자로 책봉된 것이다. 그리고 돌을 겨우 넘긴 1690년 1월에는 마침내 왕위를 이을 세자의 자리에 오른다. 생모도 이때 희빈의 신분에서 현존의 왕비(인현왕후)를 대신해 중전이 되었으니 모자의 영광이 이보다 클 수 없게 되었다.

윤과 그의 어머니에게는 세상의 온갖 축복과 밝음이 가득 주어졌다. 신하들은 다투어 축하의 열에 섰고, 전국의 백성들이 이들의 경사를 축하했다. 그러나 축복과 밝음의 반대편에는 슬픔과 어두운 마음을 가질 수밖에 없는 사람들이 있게 마련이다. 죄 없이 쫓겨난 왕비도 그렇거니와 윤에 대한 파격적 처우에 거부감을 갖는 정치인이며 관료들도 적지 않았다. 이른바 노론, 소론에다가 남인으로 갈려 대립하는 정국에서 특히 노론 측의 반발이 적지 않았다.

윤이 원자로 정해진 것부터가 그들에게는 도무지 말이 되지 않는 사실이었다. 왕비가 아직 20대 초의 나이여서 언제라도 세자를 낳을 수 있는 상태였다. 그런데도 구태여 후궁의 소생 왕자를 서둘러 원자로 세운다는 것은 합리성이 결여된 결정이었다. 노론이 아닌 누구의 눈에라도 이 점은 분명해 보였다. 당연히 나라를 위해 이의를 제기할 만한 사안이었지만 어느 누구도 감히 입을 여는 사람은 없었다.

그러던 중 한 사람이 나타나 침묵을 깨뜨렸는데, 바로 송시열이었다. 노론의 영수이자 왕을 가르친 스승으로서 그는 자신이 침묵할 수 없다고 여겨 행동에 나선 것이다. 그가 말한 요지는 이러했다.

'원자의 책봉과 같은 큰일은 여유 있게 천천히 하는 것이 좋다.'
'지금의 중전(인현왕후)에게서도 앞으로 왕자의 출생이 있을 수 있는데, 그럴 경우 복잡한 문제가 발생할 터이니 두루 생각을 깊이 해야 한다.'

누가 보나 사리에 맞는 말이었지만, 윤의 모자에 대한 사랑에 깊이 빠져 있던 왕의 귀에는 그저 거슬리는 소리일 뿐이었다. 조부왕(효종)-부왕(현종)에 이어 자신에 이르기까지 송시열 가문은 3대에 걸친 왕들의 스승이었다. 즉 어디로 보나 함부로 다룰 수 없는 신하였다. 하지만 자신의 뜻대로 하기 위해서는 이 노대신을 그대로 둘

우암 송시열. 그는 노론의 영수로서 숙종 조 격화된 당쟁의 중심 축이었다.

수 없다고 왕은 생각했다. 그 결과 송시열은 제주도로 유배되었다가 결국 정읍에서 사약을 받고 죽는다.

이 모든 사태는 어린 윤의 의사와 상관없는 일이지만, 그의 존재로 인해 생겨났다는 점도 부인할 수 없는 사실이다. 사랑, 시비의 분별, 그리고 권력을 두고 어른들이 만들어내는 사태의 중심에 윤이 있는 것이다. 어떤 책임도 그에게 물을 수는 없었다. 그러나 그 여파는 어린 윤의 앞날과도 무관하지 않으리라. 훗날 경종으로 불리게 된 윤은 탄생과 거의 동시에 영광과 파란의 운명을 함께 안고 가게 되었다.

그래도 태어나서 일곱 살이 되기 전까지의 윤은 행복한 생활을 할 수 있었다. 부왕과 생모인 장희빈의 사이가 이즈음에는 비할 데 없이 좋았기 때문이다. 원자를 거쳐 세자의 자리에 윤을 올려놓은 두 사람은 아들이 펼쳐갈 장래를 무지갯빛으로 꿈꾸는 일도 적지 않았을 것이다. 허나, 그의 부모들은 부부로서의 사랑을 오래 지속시킬 만한 사이가 못 되었다. 아버지 숙종은 변덕스럽고 싫증을 잘 느끼는 성격의 소유자였으며, 어머니 장씨는 왕비 노릇을 하기에는 교양이 부족한 여인이었다.

윤의 친할머니가 되는 명성대비(숙종의 모후)에 의하면 숙종은 아무런 일이 없는 평상시에도 느닷없이 기뻐하거나 슬퍼하는 감정이 교차하는 인간이었다. 그는 너그러운 성격도 못 되었는데, 이 점은 스스로도 인정하고 있다. 그의 재위 29년이던 1703년(병술) 8월 3일에 병석에서 이런 말을 하고 있다.

"나는 너그럽고 느슨한 성질이 아니어서 일이 있으면 그대로 두지를 못한다. 출납하는 문서를 몇 번씩이나 다시 훑어보고, 일을 듣고 결정함에 있어서는 지체함이 없었다."

숙종은 말하자면 강박증에 걸린 듯 일을 하는 사람이었다. 앞에 닥친 일은 내일로 미루지 못하고 당장 처리해야만 속이 시원했고, 과연 생각대로 했는지 처결한 일도 다시 살펴봤다. 그는 누구와 만나도 상대를 대강대강 보아 넘기는 사람이 아니었다. 대신 일단 마음에 결정이 내려지면 전광석화처럼 빠르게 일을 진행시켰다. 이런 성격은 금방 불이 붙는 사랑을 하다가도 쉽사리 식어버리기 일쑤다. 여자에게 행복과 불행을 거의 동시에 안겨주는 형의 남자라고 할까.

그는 후궁이던 장씨의 미모에 반해서 빠져들었다. 정실 왕비의 몸에서는 없던 왕자까지 낳아주자 사랑은 도를 더해갔다. 그런 까닭에 조강지처를 내쫓고 마침내 장씨를 그 자리에 앉히는 엄청난 일도 예사로이 할 수 있었다. 윤에게도 그가 지극한 사랑을 쏟을 수 있었던 것은 물론이다.

장희빈, 그러니까 윤의 어머니 장씨는 절정의 행복을 맛보게 된 셈이지만, 그것을 견고하게 지킬 능력은 부족했다. 자신의 미모와 성적 매력에 빠져든 왕에게 정신적 만족감까지 안겨줄 자질이 그녀에

肅宗大王御筆

使人長智莫如學若玉求文
必待琢經書奧旨于誰問師
傅宜親不厭數
時乙未至月四日也

숙종 어필.

게는 모자랐던 것이다.

후궁으로 있던 시절 그녀는 왕이 지나칠 정도로 희롱을 했을 때 엉뚱하게도 왕비 인현왕후에게 달려가 살려달라는 말을 한 적도 있었다. 왕비가 그 가벼운 행동을 나무라자 오히려 공손하지 않은 태도를 보여 주위의 근심을 사기도 했다. 그녀의 교만하고 방자한 태도는 누구도 고치기가 어려웠다. 보다 못한 왕비가 궁녀를 시켜 종아리를 때리자 앙앙불락하며 독기 어린 표정을 짓기도 했다. 명성대비의 미움을 받아 궁중에서 쫓겨났던 장씨를 다시 불러들인 사람이 바로 왕비였는데, 결국 장씨로부터 말 못 할 일을 겪게 된 것이다. 그렇지만 왕의 사랑이 장씨에게 붙박여 있는 한 왕비로서는 어찌해볼 도리가 없었다.

인현왕후를 내쫓고 왕비가 된 장씨의 교만 방자한 행동은, 그러나 왕이 체험으로 알게 되면서 그녀에 대한 사랑을 식히는 작용을 하기 시작했다. 그녀의 배후 세력이던 남인이 숙청되는 것과 함께 장씨에 대한 왕의 싫증은 이제 절정에 이르렀다. 그 결과 윤의 환경에도 엄청난 변화가 밀어닥치게 된다. 생모 장씨가 왕비의 자리에서 쫓겨나 비빈으로 강등된 것이다. 윤은 이제 중전의 아들이 아니라 후궁 장씨의 아들이었다. 여전히 세자이기는 해도 날개의 힘이 약화된 새의 꼴과 다름없이 되었다.

언제나 웃음으로 대하던 부모님이 갈라지면서 그나마 어머니는 보이지도 않았다. 궁 밖으로 쫓겨났기 때문이다. 엄마의 품이 아직도 그리울 어린 윤에게 갑자기 외로움을 몰고 오는 상황이 펼쳐졌다. 사람들 알게 모르게 윤은 울기도 많이 했을 것이다. 누가 그를 이렇게 만들었는가? 책임지는 사람은 아무도 없는 채 상황은 어린 그에게 적응을 강요하고 있었다.

부왕이 안쓰러운 눈으로 바라보며 위로의 말을 주는 것이 그나마 다행이었다. 적지 않은 신하들이며 궁녀들이 보여주는 따뜻한 마음도 그에게는 위안이 되었다. 이런 가운데 윤은 어린아이로서의 스스럼없는 장난기를 부리는 대신 주위의 눈치를 살피며 지내는 데 익숙해졌다.

불임성 있는 동생, 평범한 왕자 금

동생 금昤(영조)이 세상에 나온 것은 이복형인 세자 윤이 힘든 시련을 맞게 된 이해, 즉 1694년이다. 금의 어머니 숙빈 최씨는 본래 궁녀들의 여종인 무수리였다. 천한 신분이었지만 왕의 눈에 들면서 아들 금을 낳고 그야말로 신데렐라가 될 수 있었다. 그녀에게서 태어난 아들도 이제 여느 아이들과는 다른 위치에 놓였다. 모든 사람이 바라는 부귀영화의 꿈을 그는 어렵지 않게 가질 수 있었다.

그로 인해 행복 못지않게 고통도 지고 가야 할 운명에서 그는 벗어날 수 없게 되었다. 자기 뜻대로 태어날 수 없는 인간 본연의 조건에서, 그는 왕자로서의 행불행을 함께 겪어야 할 처지가 된 것이다.

순탄치 않을 앞날을 생각한다면 속 깊은 사려와 신중한 행동은 그가 필수적으로 갖춰야 할 자질이었다. 적어도 그러해야 할 운명 내지 상황적 조건 위에서 금은 세상에 나온 것이다.

윤과 금 모두 같은 왕자로 태어났지만, 두 사람의 처지는 하늘과 땅처럼 달랐다. 윤이 출생과 함께 파격적 대우를 누릴 수 있었던 데 비해 금은 그렇지 못했다. 금이 태어났을 때 윤은 이미 세자로 자리를 잡고 있었으므로 같이 비교될 수 없는 입장이었다. 예정된 권력의 후계자이고, 그 때문에 '나라의 근본'으로 인식되는 세자와 다른 왕자는 동등한 입장일 수 없는 것이었다. 누구의 눈에나 금은 그저 평범한 왕자였다. 사람들은 그에게 특별한 주목을 할 줄 몰랐다. 그들의 의식 속에서 금은 그저 보통의 왕자로 머물러야 했다.

생모인 최씨가 왕의 총애를 유달리 받았던 것도 아니므로 아버지 되는 왕의 사랑이 그에게 특별히 있었다고 보기도 어렵다. 금은 그러나 무난하게 성장하여 여섯 살이 되던 해(1699)에 연잉군으로 봉해진다. 비교적 붙임성이 있었던 편이고, 누구에게 특별히 미움을 받는 일도 없었다. 노력만으로는 얻기 힘든 천부의 어떤 자산을 그는 타고난 셈이었다.

그에 대한 주위의 시선이 어떠했든 금은 세속에서 말하는 것으로 보면 복도 있는 편이다. 생모 최씨와 사이가 좋을 수 없는 장희빈이 중전의 자리에서 쫓겨나고 인현왕후가 복위되던 해에 출생한 것부터가 그렇다. 장희빈은 최씨를 몹시 미워하고 괴롭혔다. 그녀가 왕의

연잉군 초상. 보물 제1491호. 영조 금이 21세 되던 때 숙종의 명에 따라 당시 화원이 제작했다. 조선 왕자의 정장관복 초상화로는 유일하게 전해지는 것이다.

은총을 받아 임신한 사실을 도저히 참고 지내기가 어려웠던 것이다. 그렇기에 장희빈의 몰락은 최씨에게 더할 수 없이 반가운 일이었고, 그런 가운데 금은 출생했다. 형 윤에게 슬픔이 되는 일이 그에게는 오히려 기쁨이 되는 기묘한 악연을 안고 세상에 나온 셈이다.

금의 유년기에서는 특별한 사실이 관찰되지 않는다. 그러나 보이지 않는 가운데도 그에게는 적지 않은 행운의 물줄기가 이어지고 있다. 복위된 인현왕후의 돌봄을 받게 된 것도 그렇고, 그를 괴롭힐 만한 장애 요소들이 사라지고 있었다. 생모 최씨와 대립관계에 있는 윤의 어머니 장씨는 그가 여덟 살이 되던 해에 사약을 받고 죽는다. 또 그의 정치적 지지 기반이 되는 노론은 갑술환국甲戌換局(노론이 다시 정치 전면에 등장하는 1694년의 정치 변화) 이후 득세하고 있었다. 모두가 그에게는 유리하게 작용할 만한 일들이어서, 윤에 비하여 유년기의 금에게는 행운이 잘 따라주고 있음을 부인할 수 없었다.

상반된 상황에서의 형제

　　인현왕후가 복위되고 생모인 장씨가 희빈으로 강등되면서 윤은 감내하기 어려운 시련을 견뎌야 했다. 궁외로 쫓겨난 생모와 한때는 떨어져 살아야 하는 아픔도 겪었다.

　　후에 생모 장씨가 왕의 허락을 얻어 궁으로 다시 들어온 것은 윤에게 분명 위안이 될 수 있었다. 그러나 이번에도 어린 그로서는 처신하기 쉽지 않은 상황이 계속된다. 법상의 정식 어머니인 인현왕후와 생모를 동시에 섬겨야 하는 입장을 잘 유지해가야 했던 것이다. 두 어머니를 동시에 잘 섬기는 일은 후궁 출신의 세자에게 피할 수 없는 운명이다. 그런데 문제는 왕후와 생모의 관계가 이미 세상에 알려진 대로 좋은 사이가 아니라는 사실이다. 특히 왕후에 대한 생모의 미움과 증오는 아주 극단적이어서 어린 윤으로서는 참으로 난감한 마음이 들 때가 많았다.

그가 이 상황에서 어떻게 처신하는가를 주의 깊게 볼 왕의 시선도 상당한 부담이 아닐 수 없었다. 세상이 다 아는 일인 만큼 궁중 내외에서 그를 보는 시선도 그냥 덤덤할 수 있는 것은 아니었다. 동정도 있었지만, 시험을 하며 바라보는 듯한 눈이 더 많았다. 어린아이에게는 너무나도 벅찬 상황적 과제가 윤 앞에 놓인 것이다. 그는 나이보다 훨씬 앞서가는 모습을 보여주어야만 했다.

윤은 왕후에게 생모 이상으로 잘했다. 문안 인사를 거르지 않았고, 왕후가 병으로 누워 있을 때에는 아침저녁으로 약을 올리며 곁을 떠나지 않았다. 왕후의 병이 더욱 깊어졌을 때는 생모를 보러 갈 때에도 왕후에게 고하고 허락을 받아 갈 정도였다. 나이 이제 열 살을 조금 넘은 소년으로서는 쉽지 않은 행동이어서 왕후도 감탄하며 칭찬해 마지않았다.

"세자가 내게 하는 효성은 천성의 것이야. 그 하는 행동을 보면 내가 낳은 자식처럼 사랑스러워지네. 때로 제 친모에게 맞고 눈물을 흘리며 들어오는 것을 보면 불쌍하기도 하고. 어떻든 세자는 내게 참으로 효자지."

이런 식의 말들은 왕후가 친정 쪽 식구들을 만나서 전혀 꾸밈없이 하는 것이었다. 왕후의 입장에서 보자면 윤은 자신과 적대적 관계에 있는 여인이 낳은 아들이다. 그 애가 아무리 잘한다고 해도 때로 미울 수 있는 존재이다. 그렇지만 자신에게 너무 잘하니 왕후도 이렇게 말하게끔 된 것이다. 사실 왕후에 대한 윤의 효도에는 조금의 가식도 없었다.

그는 일찍부터 아버지인 왕에게서 효도에 관해 가르침을 받아왔다. 윤이 여덟 살 때 왕은 이미 그에게 친히 글을 지어 효도의 중요성을 일깨운 바 있다.

'모든 행동에 있어서 효도가 아니면 일어설 수가 없느니라.'
'어떠한 이치 가운데서도 효도가 가장 크다는 것을 명심하여라.'

물론 이것은 세자뿐 아니라 세상의 모든 자식 된 사람들이 명심해야 할 말이다. 누구나 심정적으로 효도의 귀중함을 부인하지 않을 것이다. 그러나 대부분의 사람은 낳아준 부모에게만 효도를 하며 산다. 그들에게 부모가 두 사람 이상인 경우는 거의 없다.

반면 세자 된 사람의 입장은 이와 같을 수가 없다. 그가 후궁의 자식이라면 친모가 아닌 왕후에게도 잘해야 할 도덕적 의무가 있다. 물론 생모 아닌 부왕의 여러 후궁에게도 효도를 해야 하지만 이것은 부차적인 것일 뿐이다. 왕후에게 잘하는 것이 그에게 가장 우선적으로 요청되는 일이다.

마음속으로야 아무래도 자기를 낳아준 생모에게 마음이 더 기울어지는 게 인지상정이리라. 허나 윤은 전혀 그렇지가 않았다. 왕과 왕후에게 잘 보이기 위해 의도적으로 그렇게 한 흔적도 보이지 않는다. 아버지로부터 가르침을 받은 덕에 잘할 수 있었던 것이라고 말하기도 어렵다.

인현왕후에 대한 윤의 효성은 천성에서 우러나오는 것이었다. 마음이 착한 데다 상황에 현명하게 대처할 줄 아는 총명도 있었기에 그것이 가능했다. 물론 그 과정에서 엄청난 스트레스가 그를 짓눌렀을 것이라는 점은 상상하기 어렵지 않다. 그러나 누구도 그 점을 유의해 보지 않았고, 윤도 그것을 이겨내는 모습만 보여주어야 했다. 윤에 대한 호평은 그렇게 해서 나온 것이다.

인현왕후의 죽음

중전으로 복위된 인현왕후는 6년여를 더 살다가 이번에는 세상을 하직한다. 그 기간 중에도 나머지 2년간은 병으로 누워 지내다가 서른다섯의 한창 나이로 갔다. 그녀의 병은 이름도 뚜렷하지 않았다.

"이 병이 참으로 괴이쩍어요."

자리에 누워 있을 때 그녀는 왕에게 자주 그런 말을 했었다. 어디라고 꼭 집어 말할 수 없는 가운데 이유 없이 자꾸 몸이 아프고 보니 하는 말이었다.

어떻든 왕후는 뚜렷한 병명도 없이 앓다가 세상을 떠났다. 세자 윤의 애통해하는 모습은 누가 보더라도 비할 데가 없을 정도였다. 식음을 전폐하다시피 했고, 슬픔에 몸을 가누지 못할 지경이었다. 왕후의 후덕한 인품과 윤의 착한 성품이 만나 진해진 정이 그렇게 만든 것이었다. 아버지인 왕을 비롯해 보는 사람들마다 감동을 느꼈음은 물론이다.

그러나 왕후가 세상을 떠난 것은 윤에게 또다른 슬픔의 시작일 뿐이었다. 생모 장씨도 잇달아 죽음을 맞이하였기 때문이다. 사약을 받고 죽는데, 그렇게 된 이면에는 금의 모친인 숙빈 최씨의 입김이 작용하고 있다.

장씨는 그동안 궁 안에 신당을 차려놓고 왕후를 저주해왔다. 무당을 불러들여 이 일을 진행시켰는데, 궁 안에서는 암암리에 다 알려지고 있는 사실이었다. 그래도 왕후는 무슨 단서를 찾아보겠다는 생각은 하지 못한 채 자신의 신세 한탄만을 했었다. 소생이 없어, 왕의 사후에는 결국 그 뒤를 이은 세자의 생모 장씨가 판을 칠 생각을 하니 끔찍하기만 했다. 그저 죽기를 바란다는 말을 수없이 한 것도 그래서였다. 왕후는 결국 시름시름 앓다가 앙상하게 뼈만 남은 모습으로 세상을 떠났다.

그녀의 죽음이 꼭 장씨의 저주 때문이라고 볼 과학적 근거는 없다. 그러나 사람들은 양자 사이의 인과관계에 굳은 믿음을 가지고 있었다. 또 설령 그렇지 않더라도 장씨의 행위는 일단 지탄받을 만한 것이었다. 저주와 죽음의 인과관계를 굳게 믿는 당시의 분위기에서는 엄한 처벌이 불가피했다. 그런데도 왕후를 저주한 장씨의 행각을 감히 왕에게 일러바치는 사람은 없었다. 세자의 생모로부터 올 후환

숙종의 계비 인현왕후가 운명한 곳, 경춘전.

을 두려워한 탓이었다. 허나, 평소 자신과 아들 금에게 쏟아준 왕후의 은혜를 잊을 수 없는 숙빈 최씨로서는 가만있을 수가 없었다. 장씨에 대한 두려움보다 돌아간 왕후에 대한 슬픔이 그녀의 가슴을 더욱 뒤흔들었다. 결국 그녀는 왕을 찾아뵙고 눈물을 흘리며 모든 사실을 털어놓기에 이른다.

착하고 덕스러운 왕후를 한때 폐위시켰던 일까지 포함해 고인에 대한 미안함을 떨쳐버리지 못하고 지내던 왕이다. 그런데 저주를 받아 죽었다는 사실까지 알고 믿게 되었을 때, 왕의 슬픔과 분노는 하늘을 찌를 수밖에 없었다. 누구도 상상하기 어려웠던 장씨에 대해 내려진 죽음의 명이 바로 그 점을 말해주었다.

왕의 엄중한 조치에 대하여 신하들의 반대는 적지 않았다. 장씨의 위세를 믿고 함부로 행동한 그 주위의 궁녀들 몇 명에게 형벌을 가하는 것으로 일을 마무리 짓자는 주장이 많았다. 장씨 본인보다 앞으로 나라를 이끌어갈 세자의 마음을 생각해서였다. 그들 중에는 과거 연산군의 생모를 사사시켰다가 후에 엄청난 사화가 일어났던 과거의 되풀이를 염려하는 사람도 있었다.

여러 사람의 반대론 중에서도 영의정인 최석정崔錫鼎의 말은 특히 관심을 끄는 부분이 있다.

> "만약 (장씨를 죽임으로 인해 어린 세자의 마음이) 갈가리 찢기고 미칠 듯이 괴롭게 되어 그 성정을 보전할 수 없게 한다면, 전하께서 (세자를) 사랑하시는 은혜와 도리를 상하게 할 뿐 아니라, 앞으로의 종묘사직에 대하여는 과연 어떻겠습니까?"

이 말은 세자인 윤이 훗날 왕이 되어 보여준 행태와 관련하여 볼 때 많은 생각을 자아내는 내용이다. 지금 세자는 끔찍이 존경하고 따르던 왕후가 승하한 슬픔에 잠겨 있다. 그런데 여기에다 생모인 장씨가 비명에 죽는 일까지 겪게 된다면 어린 마음에 충격이 얼마나 크겠는가? 그로 인해 정신적으로 이상 증세가 초래될 가능성도 없지 않다. 만약 그렇게 된다면 아버지로서의 도리에 비추어보거나 나라의 장래를 생각해볼 때 참으로 우려할 만한 일이 아닐 수 없다. 그러니 장씨를 죽이는 일은 하지 말아야 한다는 것이 최석정의 주장이었다.

최석정은 성리학에 조예가 깊은 사람이다. 이러한 그가 장씨의 사사로 인해 세자 윤의 성정, 즉 성품과 감정이 제대로 보전되지 못할까 걱정하고 있는 것이다. 성리학에서 성품은 타고나는 것이긴 하나, 후천적으로 함양될 수 있는 것으로도 인식되고 있다. 성품이 제대로 갖추어져야 감정도 제 모습으로 나타날 수 있다. 그런데 만약 엄청난 충격으로 인해 성품에 타격이 가해진다고 해보라. 최석정의 말대로 '갈가리 찢기고 미칠 듯이 괴롭게 되어' 버린다면 감정도 정상적으로 발휘되기 어려울 수 있다. 슬퍼해야 할 경우에 껄껄 웃고, 기뻐해야 할 일에 슬퍼하는 등 미친 사람이 되고 마는 것이다. 성리학에서 성품은 온갖 이치를 갖춘 것이고, 인간의 도덕적 완성을 위해 가장 중요시되는 핵심이다. 어떤 마음을 가지게 되고 여하한 정신을 보여줄 수 있느냐 하는 것도 여기에 달려 있다. 게다가 왕의 마음과 정신은 국가사회의 근원이다. 최고로 존중되어야 할 자원이기도 하다. 그런 까닭에 세자의 성품에 손상이 가고 감정에도 이상이 온다면 나라의 장래도 위태로울 수밖에 없다. 최석정은 바로 이러한 입장에서 윤에게 올 충격을 우려해 장씨의 사사를 반대하고 나선 것이다.

장희빈, 사약을 받다

왕은 그 나름의 생각에 잠기지 않을 수 없었다. 왕후에게 저주를 한 일도 그렇거니와 장래를 생각하더라도 그녀를 살려둘 수는 없다고 여겼다. 자신의 사후 장씨가 세자의 생모로서 무슨 짓을 할지 모

조선시대 사약 받는 장면. 장희빈 또한 끝내 사약을 마시고 생을 마친다. 이것은 윤에게 엄청난 충격이었고, 그가 실어증을 겪는 결정적 사건이었다.

른다. 그 표독한 성품을 남김없이 드러내 정치에 엄청난 회오리를 몰고 올 수도 있을 것이다. 이는 나라에도 커다란 재앙이 되리라. 그리하여 결국은 장씨 스스로 약을 먹고 자결하도록 명을 내린다. 세자 윤이 열네 살 되던 1701년의 일인데, 금은 이때 여덟 살의 어린아이였다.

장씨의 죽음으로 초래된 상황은 이들 두 소년에게 상반된 가능성을 열어주는 것이었다. 장씨가 죄인으로서 죽은 이상 그녀의 소생인 윤의 지위는 위태롭게 된 셈이다. 국모에게 저주를 가한 죄인의 아들로 몰아붙이며 세자의 폐위를 주장하고 나설 자가 없으란 법이 없다. 장씨와 적대적 관계에 있던 노론 측에서 그런 공작을 펼 가능성이 충분히 있다. 만약 윤에게 그런 일이 생길 경우 금에게는 새로운 가능성이 열리는 셈이다. 묘하게 이해관계가 갈릴 수 있는 길목에 형제는 서게 되었다. 어머니들로 인한 간접적인 원한관계에다 이제는 현실적인 행불행의 가능성까지 그들에게 밀어닥친 것이다.

왕에게는 세자 윤과 금, 그리고 연령군延齡君(이름은 훤昍)의 세 아들이 있었다. 윤이 폐위되는 일이 생긴다면 금과 훤이 그 뒤를 이을 수 있는데, 차례로 볼 때 훤보다는 금에게 기회가 돌아갈 가능성이 많다. 나이로 보더라도 훤은 이제 네 살배기여서 금에 비한다면 아무래도 불리한 편이다.

어떻든 윤은 위기를 맞게 된 셈인데, 그러나 왕이 적극 옹호하는 입장을 취했으므로 그의 지위는 흔들림이 없었다. 7년 전의 갑술환국 때 왕은 이미 세자의 지위에 대하여 이러쿵저러쿵 말하는 자는 역적으로 간주하여 다스리겠노라고 밝힌 바 있다. 그런데 이번에는 그러한 입장을 더욱 확실하게 내보인 것이다. 왕은 세자를 전적으로 신뢰하고 있음이 분명했다. 이때까지 보여준 윤의 모든 됨됨이가 왕으로 하여금 그러한 입장을 가지도록 했던 것이다.

소론 측에서 이번에도 강력한 지지 의사를 보내준 것도 윤으로서는 다행이었다. 왕 외에 또 하나의 비벼댈 든든한 언덕이 생긴 것이 아니겠는가. 그러나 한 정파의 지지를 받는다 함은 그에 적대적인 정파와의 관계에서는 원만하지 못할 가능성을 내포한다. 말하자면 소론에 적대적인 노론과는 대립적이 될 가능성이 윤의 행로에 놓이게 된 것이다. 지난날 그의 원자 책봉에 반대한 세력도 노론이었던 만큼 그러한 기미는 이미 나타나고 있는 셈이었다. 그가 노론과 친하기 어려운 여건은 그의 의지와 상관없이 이미 조성되어 있었다.

윤, 험난한 세월을 살다

생모의 사후 윤은 닥쳐오는 시련들을 이겨내야 했다. 시련 가운데 가장 어려운 것은 변덕스러운 아버지 숙종의 마음이었다. 일단 윤에게 신임을 보냈지만 예의 변덕스러운 마음을 보이기 시작했다. 세월이 갈수록 장희빈의 소생이라는 사실이 윤에 대한 왕의 불만을 키우고 있었던 것이다. 마음이 달라지니 보는 눈도 달라졌다. 이런저런 일이 모두 눈에 거슬렸고, 그때마다 윤을 꾸짖는 일도 늘어갔다. 잘해도 꾸짖었고, 잘못하면 더욱 소리 내어 질책했다. 장희빈과 사이가 좋았을 때 윤이 하는 모든 것에 대하여 왕은 칭찬 일색이었다. 잘못하는 일이 있어도 귀엽게 봐주며 껄껄 웃어 넘겼던 왕이 이제는 정반대였다.

　윤은 전과 달라진 게 없다. 오히려 더욱 잘하려고 노력하며 살고 있다. 그런데 왕의 마음만이 변해서 공연히 아들을 싫어하며 미워하고 있는 것이다. 크게 보면 왕과 세자라는, 나라의 커다란 국가기관 사이에 문제가 발생하고 있는 것이니 작은 일이 아니다. 당연히 윤으로서는 금에 비해 외롭고 어려운 입장일 수밖에 없었다. 연잉군 금은 그와 달리 생모가 살아 있다. 그녀 자신이 무슨 큰 힘을 쓸 수 있는 것은 아니다. 그렇지만 윤의 처지에 비해 마음으로라도 아들에게 큰 위안이 됨은 부인할 수 없다.

부왕은 냉담하고 생모는 가고 없는 처지! 윤은 삭막한 세계를 헤쳐가야 했다. 그런 고난의 세월이 짧은 것도 아니었다. 숙종은 정실의 두 왕후(인경왕후 김씨, 인현왕후 민씨)를 보내고 한때 끔찍이 사랑했던 장희빈까지 죽이고도 20년을 더 살았기 때문이다.

정국의 흐름도 윤에게는 유리한 편이 못 되었다. 갑술환국 이후 세력을 회복한 노론은 세자를 마땅치 않게 보는 왕의 비위를 맞추는 편을 택하고 있었다. 왕의 뜻에 따라 그들은 윤에게 얼마든지 불리한 입장을 보일 사람들이었다. 소론이 윤의 세자 지위를 받쳐주고 있기는 했다. 그렇다 해도 그들이 때로는 폭군 같은 모습을 보이는 왕을 강하게 막아내기는 어려웠다.

윤은 본래 몸이 약한 데다 생모가 자결하는 등의 엄청난 일을 겪으면서 마음도 약해졌다. 적극성 없이 아버지 숙종의 눈치를 살피는 일이 잦았을 것은 불문가지이다. 속 시원하게 마음을 터놓고 얘기할 상대도 그에게는 없었다. 생모의 몰락, 이어지는 그녀의 죽음과 더불어 외가 쪽(금군별장을 지낸 장희재 일족)도 일망타진된 뒤라 어디에도 마음 붙일 데가 없었다.

언제 자신을 세자 자리에서 쫓아낼지 모르는 아버지의 변덕스러운 성격을 그는 잘 안다. 부왕의 뜻을 받들어 자신에게 불리한 일도 능히 해갈 노론의 압박도 몸으로 느껴진다. 최석정이 우려한 대로 자신의 성정에 어떤 문제가 야기될 수도 있는 나날을 그는 살고 있었다. 실제로 그런 기미가 보인다며 사람들의 입에 오르내리기 시작한 것도 사실인데, 노론들은 이를 확신하는 태도였다.

벽을 향해 중얼거리는 서른 살의 세자

이성무의 『조선시대 당쟁사 2』에 인용된 노론 측의 『단암만록丹巖漫錄』에 나온 한 내용에 의하면, 윤의 행태는 참으로 문제가 많다. 이따금 벽을 향하고 앉아서 누군가와 대화하듯이 혼자 중얼거리는가 하면, 한밤중에 느닷없이 계단과 뜰을 방황하기도 한다. 그들의 말대로 정신이 안정되지 못한 탓일 듯하다. 이 생각 저 생각으로 불면증에 시달리느라 그랬을 수도 있다. 만일 그렇다면 동정의 여지도 없지 않건만 『단암만록』을 지은 노론 측은 가혹할 정도로 그를 희화화하기까지 한다.

'하체의 기운이 마비되고 약해서 남녀의 일을 알지 못해 나이 서른에

도 여자를 가까이할 뜻이 없었다.'

'숙종이 여러 신하들을 인견할 때면 속옷 차림으로 창문에 얼굴을 내밀고 보아 왕이 쯧쯧 혀를 차고는 하였다.'

'숙종의 승하 시에는 한 번도 우는 소리가 없었고, 까닭 없이 웃기까지 했다.'

'툭하면 오줌을 싸기도 했다. 그리고 머리를 빗지 않아 머리카락이 엉겨 붙고 먼지와 때가 가득 끼어서 머리에 쓰는 관이 점점 커졌다.'

이러한 말에는 당파의 이해관계에서 오는 악의와 사실 그대로를 전하는 진실이 절반씩 섞였다고 봐야 할 것이다. 악의는 있지만 노론이 요컨대 전혀 근거 없는 소리를 하는 것으로 보기는 어렵다는 말이다. 어느 정도이든 윤에게는 문제 삼을 만한 소지가 있었던 것으로 보인다.

이 내용에는 생모인 장희빈의 사후 윤이 어떤 모습으로 성장해 있었는가를 보여주는 면이 있다. 생모의 자결로 십대의 윤은 엄청난 충격을 받았던 게 분명하다. 감당하기 어려운 마음의 상처를 그는 혼자서 치유해가야 했는데 그것은 물론 쉬운 일이 아니었다. 그 때문에 성년이 되어서도 정신적 불안정과

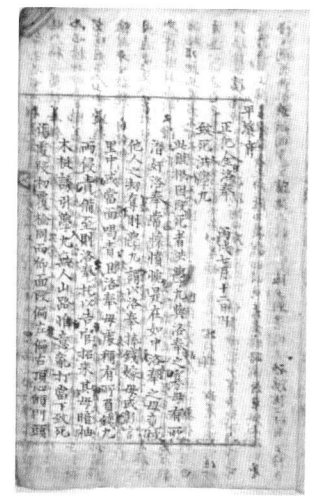

단암만록

그로 인한 여러 가지 비정상적인 정신·신체 증상을 보인 것으로 생각된다. 그를 평생 괴롭힌 실어증도 그래서 생겼다고 보아야 한다. 무슨 말을 해도 꾸짖기만 했을 부왕 앞에서 그는 말에 대한 공포를 심하게 느꼈으리라. 잘 하던 말을 자꾸 더듬게 되고 결국 될 수 있는 한 말을 하지 않으려는 상태가 되었을 것이다.

생물학에서는 실어증의 원인을 대뇌의 장해에 의한 것과 심인성에 의한 것으로 구분하는데, 윤의 경우는 후자의 것으로 인정된다. 그의 자유로운 언어 표현에 제약을 가하는 상황이 그렇게 만든 것이다. 실어증의 증상으로는 언어 표현과 이해의 장애 두 가지로 나뉘는데, 윤은 전자에 해당되는 경우였다. 말은 이제 그에게 고통스러운 생활 수단이었다. 사람의 기분이 그렇듯이 그의 실어증도 언제나 똑같은 상태는 아니다. 어느 정도 정상적으로 말할 수 있는 경우가 있고, 그렇지 않은 때도 있다. 그러나 대체로 말은 그가 마음대로 하기 어려운 장애물이었다.

윤이 말에 시달리면서 그에 대한 주위의 평가도 부정적으로 되어 갔다. 왕과 노론의 입장에서 볼 때 그는 도저히 왕 노릇을 할 재목으로 보이지 않았다. 몸도 부실한 데다 말도 똑 떨어지게 할 줄 모르니 저러고서 왕 노릇을 할 수 있을까? 그들은 약속이나 한 듯이 윤을 그렇게 보고 있었다. 그리고 무언가 꼬투리만 잡히면 세자를 바꿀 생각을 공유하고 있었던 것으로 보인다.

윤에 대한 불만과 실망이 커질수록 연잉군 금과 연령군 훤은 왕

연령군 이훤의 묘역지는 서울 영등포구 대방동의 한 초등학교 담벼락에 비석만 남겨져 있다.

의 관심을 끌 수 있는 위치에 있었다. 실제로 왕은 이들에게 관심과 사랑을 쏟았는데 특히 연령군을 애지중지하여 늘 곁에 두고 지냈다. 그것은 마치 300여 년 전 세자인 양녕대군을 못마땅해하던 태종(제3대 임금)이 막내인 성령대군을 지극히 사랑한 것에 비할 수 있다. 그때 태종은 은근히 성령을 새로이 세자로 삼을 생각이 있었다. 그런데 숙종도 이제 그런 마음이 없지 않은 듯싶다.

　연령군 훤은 명빈明嬪 박씨의 소생인데, 불과 여섯 살에 어머니를 잃었다. 이 때문에 왕은 훤을 불쌍하게 보아 어떤 아들보다도 깊이 사랑을 베풀었다. 훤의 성품도 착하고 총명하여 왕의 마음에 들었다. 왕이 병으로 누워 있을 때면 곁에 모시고 지내면서 정성을 다해 간호했으므로 왕은 더욱더 이 아들을 사랑했다. 그러나 훤은 명이 길지 못했다. 스물한 살의 나이로 아버지 숙종에 앞서서 세상을 떠났다. 태종의 막내아들인 성령이 부왕보다 먼저 세상을 떠난 것처럼.

연잉군 금에 대한 왕의 관심과 사랑도 적은 편은 아니었다. 금이 열네 살에 홍진을 앓았을 때이다. 전염을 우려하여 세자를 피신시키는 등의 조치를 취했지만 왕 자신은 같은 궁궐에 머물면서 그대로 지낼 뿐이었다. 신하들은 왕에게도 다른 장소로 피신할 것을 권유하였다. 그러나 왕은 끝내 이를 받아들이지 않는다. 홍진으로 고생하는 아들의 곁을 떠나지 않으려는 아버지로서의 심정이 무엇보다 앞선 까닭일 것이다.

이보다 수년 전에는 금이 결혼을 하고도 대궐 밖으로 나가 살 집이 없는 것을 걱정하고 있다. 사실 그의 생모인 숙빈 최씨에게 지어준 큰 집이 있으므로 그곳에 들어가 살게 하면 되었다. 그런데도 왕은 별도의 집을 지어주도록 해당 관청에 지시를 내린다. 왕실의 공사가 잦아 국고의 부담이 적지 않은 때인데도 이러한 명을 내렸다. 왕은 이제 세자 윤에게서 거두어간 사랑을 금에게 쏟아붓고 있었다. 반면에 윤은 말 그대로 괴로운 세월을 살아가야 하는데, 엎친 데 덮친 격으로 이 시기에 커다란 위기가 닥친다.

"한번 시험해보는 게 좋겠지"

숙종은 말년에 들면서 시력이 현저하게 나빠졌다. 처음에는 왼쪽 눈만 그렇다가 나중에는 오른쪽 눈도 제대로 보지 못할 상태여서 문서를 읽고 결재하는 일이 어렵게 되었다. 아마도 백내장이 온 것이 아닌가 싶다. 세자의 대리청정 문제는 이 때문에 나온 것인데, 왕은 이 문제로 적지 않은 고민을 한다.

왕이 정무를 처리하기 어려운 경우에 세자로 하여금 대리하게 하는 일은 당연지사이다. 왕이 말한 대로 중국 당나라 때 태종이 병석에 눕자 고종이 그러했고, 선왕인 세종도 같은 경우에 세자인 문종으로 하여금 대리하게 했었다. 문제는 세자인 윤이 과연 대리청정을 제대로 할 수 있겠느냐 하는 점에 있었다. 숙종은 재위 43년째이던 1717년 7월 19일에 이 문제로 신하들과 거듭 논의를 하던 중이었다. 왕은 이날 좌의정인 노론의 이이명李頤命을 단독으로 만나서 자신의 은밀한 생각을 털어놓기도 한다. 세자의 자질에 대한 의문과 불신을 얘기한 것이 분명하다. 그 이후 신하들과의 대화로 미루어볼 때 연잉군 금과 연령군 훤(이때 그는 아직 살아 있었다)에게 대리를 맡길 가능성에 대해서도 논의했다고 볼 수 있다. 물론 그것은 세자를 바꾸어야 하는 절차가 있지만, 그만큼 폭넓은 얘기가 오갔던 것은 분명해 보인다. 자칫하면 윤은 폐세자가 될 위기에 처한 것이다.

그러나 세자를 바꾸는 것은 쉽지 않은 일이다. 그동안 세자를 지지해온 소론 측의 반대도 만만치 않을 것이다. 세자 교체를 단행할 경우 정치적 불안이 야기될 것은 불을 보듯 빤한 일이다. 그렇기에 왕이 고위 신하들을 불러 대리청정을 논의하는 자리에서도 이 문제는 명시적으로 거론되지 않았다.

왕의 시력이 극도로 약화되고 이로 인해 국사에 지장이 오게 된 상황에서 대리는 불가피한 선택일 수밖에 없었다. 왕과 신하들 모두 여기에는 의견의 일치를 보았다. 그러나 왕은 그것이 어렵다는 말을 되풀이한다. 윤의 나이 열여덟이던 1705년에 왕은 그에게 임금의 자리를 물려주려고 한 적이 있다. 하지만 그때는 그런대로 괜찮았는데, 지금은 사정이 어렵다는 것이 숙종의 달라진 입장이었다. 나이가 들수록 윤은 주위 사람들에게 더욱 믿음을 주지 못하는 언행을 보였다는 얘기가 된다. 노론 측이 기술한 『단암만록』에 나오는 내용이 전혀 거짓은 아니었음을 알 수 있다.

영의정 김창집金昌集 등이 인현왕후에게 보여준 윤의 효성과 덕스러운 점을 새삼 들추며 대리청정을 상주해도 왕은 신속히 결단을 내리지 못했다.

"내가 대리를 반대하는 것은 아니라오. 다만 일이 뜻과 같지 못한 점이 있단 말입니다. 이것이 내가 대리를 시키려고 하여도 할 수가 없는 이유인 것이오."

믿고 대리를 맡기라고 아무리 말을 해도 왕은 쉽게 따르지를 않는다. 답답해서 합석해 있던 행판중추부사 이유李濡가 핵심을 파고들어 물었다.

"(주상께서) 어렵게 여기시는 것은 대체 무슨 까닭입니까?"

왕은 그러나 이에 대하여 답변을 하지 않았다.

열네 살에 즉위하여 산전수전을 다 겪은 터라 왕은 신하라는 사람들에 대하여 잘 안다. 그들은 새로운 왕이 오르면 일단 시험해본다. 만만하다 싶으면 함부로 대할 수도 있는 게 신하들의 생리다. 그것을 이겨내고 권위를 확립하지 못한다면 왕으로서 성공적인 통치를 하기는 어렵다. 아무리 충성을 강조하는 군신관계이지만, 저절로 그것이 이루어지는 것은 아니다. 그로서는 나약해 보이는 윤이 백전노장격의 거센 노론 대신들에게 휘둘릴 일이 일어날까 걱정이었다. 그럴 경우 어떤 형태로든 자신에게 부담이 올 수 있으리라. 국가적으로도 불안정이 야기될 수 있음은 말할 필요도 없었다.

그러나 세자에게 맡기는 일 외에 당장 뾰족한 대안이 없다. 여기에다 세자에게 적대적 세력으로 간주되던 노론 측에서도 대리청정을 적극 돕겠다고 다짐함으로써 왕도 결국은 결정을 내린다. 윤의 대리청정은 이제 현실화된 것이다.

윤의 대리청정은 그러나 그 자신에게는 모험에 가까운 일이었다. 그의 자질과 능력을 불신하며 마지못해 대리를 허용한 왕이다. 까다롭고 변덕 많은 그 성격에 도저히 안 되겠다 싶으면 세자의 대리를 얼마든지 없던 일로 할 수 있으리라. 또한 대안으로 금이나 훤 두 왕자 중의 한 사람을 세자로 삼고 대리를 맡길 수 있을 것이다. 윤에게 호의적일 수 없는 노론 측에서도 왕에게서 나올 만한 이러한 조치를 반대할 이유는 없다고 보아야 한다. 노론의 영수인 영의정 김창집이 이 당시에 한 말은 그러한 가능성을 확실히 보여준다. 그는 이이명

등 동료 대신들에게 이렇게 말했다.

"어디 한번 시험해보는 것이 좋겠지."

시험 삼아 윤에게 대리를 시켜보자는 말이다. 그러다가 기대에 미치지 못하면 그 대안을 언제라도 시도해보겠다는 생각이 깔려 있다. 윤의 대리를 찬성한 그들의 의도는 이처럼 순수하지 못한 것이었다. 이미 윤을 부실한 인간으로 보고 있는 그들이다. 얼마든지 그의 흠집을 드러내어 문제 삼을 수 있었다. 윤에게 잘못이 없어도 트집을 만들어 왕이 되지 못하도록 할 가능성도 없지 않았다.

소론이 윤을 지지했지만 노론에 비하면 세력 면에서 약한 편이다. 윤은 조심하고 사려 깊게 처신할 필요가 있는 가운데 대리청정에 들어갔다. 이제 수많은 비판의 눈길이 그의 일거일동을 사정없이 훑어보게 되었다. 윤도 그것을 알지만 피할 도리는 없다.

대리청정, 굴욕의 세월

윤이 시험대 위에 올려진 이상 연잉군 금과 연령군 훤에게는 새로운 가능성이 열린 셈이다. 그러나 훤은 아버지 숙종보다 1년 앞서 사망했으므로 이제 남은 것은 금뿐이었다. 형 윤이 만약 도중하차한다면 금이 세자로서의 역할을 할 수 있게 된다. 윤의 불행은 곧 금의 행운이 된다. 20대 후반에 들어선 금에게 만일 야심이 있다면 무슨 일이라도 꾸며볼 수 있으리라.

'이 기회에 형보다 내가 낫다는 사실을 알려봐? 그래서 부왕의 인정을 받는다면, 세자의 자리는 내 차지가 아닌가.' 금의 입장에서 웬만한 사람이라면 속으로 해볼 수 있는 생각이다. 그 결과 노론의 대신들과 물밑 접촉을 하면서 일종의 정지작업을 해볼 수도 있는 일이다. 그러나 금의 마음속에 그런 생각은 추호도 있었을 것 같지 않다. 경박하지 않은 데다 훗날 왕이 된 뒤에도 평생을 두고 간절하게 받드는 마음으로 형을 추모하며 산 그이니까.

그렇지만 세상이 반드시 진실의 편인 것은 아니다. 금에게 불순한 생각이 전혀 없더라도 세상에서는 그 가능성을 두고 말이 많을 수 있다. 윤 못지않게 사실은 금도 조심해야 할 시기를 맞고 있었던 셈이다. 윤과 금은 각자의 처지에서 그에 걸맞은 행동을 보여야만 했다.

어쨌든 숙종이 승하하기까지 세자 교체의 이변은 일어나지 않는다. 4년여에 걸친 대리청정에서 윤이 눈에 띄게 잘못한 일이 없었기 때문이다. 『단암만록』의 내용대로라면 윤의 대리청정은 제대로 이루어지기 어려웠어야 하는데, 실제로는 그렇지가 않았다. 군사, 재정, 인사, 법제 등 여러 사안에 대하여 그는 신하들의 의견을 듣고 그런 대로 적절한 판단을 내릴 줄 알았다.

학문에 힘써 지도자로서의 자질을 함양해야 한다는 주장에 대해서는 흔쾌히 받아들이는 태도를 보였다. 반면 지방의 수령 누군가가 어떻다느니 하면서 파면을 청하는 일 등에 관해서는 거부하는 태도로 임했다. 지방관의 인사 문제에는 신중할 필요가 있다고 여겼기 때문일 것이다. 사실 이 문제는 잘못된 소문이나, 파당 간의 이해 다툼에 의한 부분도 있었으므로 윤의 태도는 현명한 처신이었다. 또 대신들이 사직을 청하는 의례적인 일에 대해서는 간절하게 설득하며 붙들었다. 이 당시의 관료들은 작은 일로도 왕의 의사를 시험해보고자 사직을 청하는 경우가 많았다. 그렇기에 해당 신하의 뜻을 잘 알아서 유임토록 하는 것도 왕에게는 소홀히 할 수 없는 일이었다. 업무에 익숙한 신하들이 떠나간다면 대체 누구와 더불어 나랏일을 할 수 있겠는가.

문제는 어떤 논의를 하는 자리에서도 윤은 길게 말하는 법이 없었다는 점이다. 아뢰는 신하들의 말이 좋다 싶으면 그대로 하라 했고, 그렇지 않을 경우에는 거부하는 게 고작이었다. 이것은 이래서 안 되고, 저것은 저래서 안 된다는 식의 명쾌한 의사 표시가 없었던 것이다. 실어증으로 인한 말에의 두려움을 그는 떨쳐내지 못하고 있었다. 문제 된 사안에 대하여 그의 두뇌가 정상적으로 작동하고 있는 것은 분명해 보인다. 그 핵심 또한 잘 파악하고 있는 것으로 보였다. 그런데 말을 별로 하지 않으니 신하들로서는 답답할 때가 많았다. 영의정인 김창집이 신하들을 대표하는 입장에서 토론과 질의, 응답이 아쉽다고 말한 것도 그 때문이다. 이때도 윤의 대답은 전부터 자주 해오던 말을 되풀이할 뿐이었다.

"마땅히 유의하겠소."

그러나 이후에도 윤이 입을 열어 말하는 경우는 많지 않았고, 하더라도 대개 짧은 편이었다. 그는 자신의 견해를 적극적으로 내세우는 경우가 거의 없었다. 신하들의 의견을 듣고 그중에서 옳다고 생각되는 바가 있으면 따르는 태도를 보이기가 일쑤였다. 물론 실어증 때문이었다. 생각은 이미 이루어져 있으나 속 시원하게 표현할 자신은 없다. 이 때문에 그의 입에서 나오는 말은 최대한의 절약을 위주로 할 수밖에 없었다. 그의 언행을 기록하고 있는 『경종실록』에 그렇게 쓰여 있지는 않지만, 더듬거리는 경우도 있었을 것이다.

이러한 그를 우습게 볼 사람이 당연히 있을 만한데, 김창집이 그 대표적인 경우가 아니었을까 싶다. 윤의 국정 대리능력이 예상대로 기대 밖이라고 본 모양이다. 그는 가끔 민생에 관한 중요 문제를 직접 왕에게 아뢰어 재가를 받는다. 세자를 무시하는 태도인 것이다. 윤의 대리가 4년째로 접어든 때(1720년 1월)에는 마침내 참지 못하고 불만을 터뜨리기도 한다.

"저하께서 대리청정을 하신 지 지금 4년이 되고 있습니다. 나랏일에 대하여 이제는 확실하게 익히셨을 듯한데도, 신료臣僚들을 만나실 때 지나치게 침묵을 지키시고 문답하시는 중에 간혹 분명치 못한 바가 있사옵니다. 그리하여 신하들이 마음속으로 답답하게 생각하고 있습니다."

이어서 앞으로는 사안에 대하여 가부를 논하고 신하들의 논의를 잘 분별하여 확실한 결정을 해주도록 요구하였다. 윤은 이때도 다른 때처럼 "마땅히 유의하겠소"라는 말을 했지만, 이러한 대답도 이날은 신하들의 지적에 걸려들었다. 응교 김상옥金相玉이 꼬집고 나선 것이다.

"저하께서 언제나 유의하겠노라고 말씀을 하시지만 그후로도 특별히 유의하시는 실상을 보지 못하였습니다."

그러면서 너무나 부드럽기만 하여 윗사람으로서의 당당한 태도가 아쉽다는 말을 한다. 윤이 피곤을 느껴 가끔 의자에 기대는 것까

숙종 말년 실명 상태나 다름없어진 아버지를 대신해서 윤이 대리청정에 들어갔다. 공격적인 노론 대신들을 앞에 두고 저 자리에 앉아 그가 가장 많이 한 말은 "마땅히 유의하겠소"였다.

지도 해서는 안 될 점으로 지적했다. 윤 자신도 답답하기는 마찬가지였을 것이다. 신하들이 지적하는 자신의 문제점들은 스스로도 어찌할 수 없는 것들이다. 성격상의 문제도 있지만, 핵심은 말에 있다. 시원시원하게 말할 수 있으면 좋으련만, 윤에게는 그게 어려운 일이다. 그는 언어생활에서 자신이 부족한 것을 절감하며 사는 사람이다.

인간사회에서 말이 필요한 것은 부인할 수 없다. 그것은 생활의 필수품이다. 말이 허황된 기능을 하고 불완전한 것도 사실이지만, 그것이 없을 경우 사람들은 엄청난 재난을 만난 듯 느낄 것이다. 사람들은 할 수 있는 한 말을 가지고 사물에 대한 설명을 명쾌하게 하고, 서로 소통하기를 바란다. 노론이 윤에게 가지는 불만은 말하자면 그런 데 있다. 정무를 처리하는 데 있어서 명쾌한 말의 설명이 있어서 소통이 잘 이루어졌으면 좋겠는데 그것이 이루어지지 않으니 답답한 것이다.

그래도 아버지 숙종이 승하하기까지 윤이 대리청정이 도중하차 당하는 일은 없었다. 그를 탐탁지 않게 보는 세력에게는 도무지 만족스럽지 않았지만, 크게 흠잡을 일도 없었기 때문이다. 더욱이 중요한 문제에 대하여 주로 신하들의 의견을 따른 그에게 아랫사람으로서는 책임을 따지기도 어려웠을 것이다.

윤이 노론 신하들의 속을 꿰뚫어보면서 의도적으로 그들의 의견을 따른 면도 있지 않았나 싶다. 그들의 공세를 봉쇄하기 위한 나름대로의 노련한 생각을 가지고 말이다. 그렇기에 대리청정이라는 시험대 위에서 그런대로 무난하게 지낼 수 있었던 것이다. 이 문제는 뒤에서 별도로 다루기로 한다. 아무튼 당시 윤에 대한 노론 대신들의 마음속 점수는 낙제점이었다. 그는 다만 눈에 띄는 위기를 모면했을 뿐이다. 어느 때이든 그들로부터의 결정적 공세가 있을 것은 불을 보듯 빤한 일이다. 윤도 마음속으로 그것을 예상은 했을 것이다.

부왕의 임종 앞에서

　숙종은 재위 46년째(1720)이던 6월 8일 아침나절에 세상을 떠났다. 그는 외아들이었던 만큼 형제간의 우애를 진정으로 느끼며 살 기회는 없었을 것이다. 권력을 둘러싼 우애의 위기를 경험할 기회도 물론 없었다. 자신이 간 뒤에 아들 형제가 겪을 수 있는 고통도 그 때문에 예견하기는 어려웠을 법하다. 어떻든 한 시대를 주름잡던 사나운 군주는 갔다. 당연한 자연의 이치이지만, 윤과 금, 그리고 많은 신하들에게 이는 커다란 슬픔이었다.

　부왕이 병석에 있는 동안 윤은 한시도 그 곁을 떠나지 않았었다. 시약청에서 올리는 약을 지켜보았고, 왕의 기색을 계속 살피며 지냈다. 금도 부왕의 손을 잡은 채 곁을 떠나지 않았다. 수시로 나오는 왕비(숙종의 두번째 계비인 인원왕후 김씨)의 전교傳敎를 신하들에게 전달하는 일도 그의 몫이었다. 김창집, 이이명을 비롯한 주요 대신들은 왕의 곁에 둘러서 있었다. 시약청에서 약을 올리지만, 이제 어찌할 수 없다는 사실을 직감하며 그들은 만감에 사로잡혀 있었다. 임금의 곁을 떠났다가도 환후가 더욱 위중해지면 다시 달려 들어오는 등의 일을 며칠간 반복한 탓에 그들에겐 지친 모습이 역력했다. 그런 나머지 이제는 차라리 왕이 그만 돌아가셨으면 하는 생각도 없지 않았을 것이다.

또 개중에는 왕 승하 후의 정국을 헤아리며 자신의 입지를 헤아려보는 이도 있었을 것이다. 신하라는 제도화된 생활세계의 한자리를 각기 차지하고 있는 그들이다. 주어진 그 자리에서 그들은 여러 가지 생각을 펼치고 있었을 것이 틀림없다. 곧 왕위를 잇게 될 윤이나 금에 대한 생각도 당연히 그 안에 포함되어 있었을 것이다. 죽어가는 왕 앞에서 남아 있는 자들에 의한 앞으로의 정국은 이미 구도를 만들어가고 있었던 셈이다. 그에 따라 애증을 담아 흔들어대는 미래의 정국도 시시각각 그들에게 다가오고 있었다.

숙종, 예순을 맞은 최초의 왕

숙종은 이해 들어 나이 예순이 된 것을 축하하여 종묘에 이 사실을 고하기까지 했었다. 묵중하지 못한 거조로 보일 수도 있겠지만, 역대 왕들이 그 나이를 넘긴 경우가 거의 없는 것을 생각하면 반드시

숙종은 인현왕후를 쫓아냈다가 다시 불러들이는 등 파란만장한 생애를 살도록 만들었다. 지금은 이렇게 나란히 부부로서 묻혀 있다.

그렇게 볼 일도 아니다. 제2대 정종 이후 그는 예순을 맞는 최초의 왕이었다. 선대왕들의 영전에 고마움을 표시하기 위해서도 이 사실을 고해야 했을 것이다.

전국에 반포한 1월 8일자 교지敎旨에서는 더욱 장수하기를 바라는 마음도 나타냈다. 그러한 생각은 문자에만 실려 있지 않았다. 2월에는 세자 윤이 홍진에 걸린 것을 이유로 거처를 옮기기도 한다. 13년 전에 금이 같은 증세를 보일 때는 전혀 거처를 개의치 않았던 왕이다. 그런데 이번에는 마음이 약해진 탓인지 광명전으로 옮겨갔다. 더욱 오래 살고 싶었던 모양이다. 왕의 이러한 거조에 윤과 금에 대한 차별적 사랑이 있는지도 알 수 없는 일이다. 그가 윤을 싫어하고 미워해온 지는 오래되었으므로.

노론의 집요한 폐세자 기도

어떻든 이미 왕의 병이 회복되기 어렵다는 판단이 서자 노론 측 대신들은 윤의 승계와 관련된 일을 생각했다. 특히 3년 전 윤의 대리청정 문제를 두고 왕과 독대를 했던 이이명은 이 문제에 남다른 관심을 보였다. 이해 4월부터 왕은 이미 회복될 가망이 없음을 스스로 알고 있었다.

"한시 바삐 죽기만을 바란다"는 말을 자주 한 것도 그 때문이다. 죽음을 예감하면서 숙종이 대리를 하고 있는 윤에 대하여 정확히 어떤 생각을 하고 있었는지는 알 수 없다. 그러나 이이명은 왕의 뜻을 헤아리기라도 한 듯 이 시기에 은근히 왕의 결심을 촉구하고 있다.

"전하, 소신이 아뢰는 바는 단지 병환을 조섭하는 방도만이 아니라, 필히 국세를 부지하고 만백성을 보호하며 편안케 하는 길을 유념하시라는 것입니다."

그는 이런 말도 주저하지 않았다.

"정신이 조금 나아지실 때는 대신들을 불러보시고, 나라의 일을 생각하셔서 헤아려 하교하여주소서."

왕이 이 말의 뜻을 모르지는 않았을 것이다. 그렇다. 이이명을 비롯한 노론의 대신들은 4년여의 시험 결과 윤이 왕으로서 적합하지 않다고 판단했다. 그러니 금으로 세자를 교체하자는 뜻을 은근히 왕에게 아뢰고 있는 것이다. 윤에게 위기를, 그들은 다시 만들어내고 있었다.

왕은 이미 현세보다 저편 죽음의 세계에 마음을 기울이고 있었겠지만, 이 말을 듣고 많은 생각에 잠겼을 것이다. 진작 금에게 세자의 자리를 주고 대리청정을 시키지 못한 것을 후회했음 직하다. 그러나 그런 급작스러운 조치를 취하기에는 모든 점이 마땅치 않다고 판단했다. 결국 윤의 지위에 아무런 변경도 가하지 못한 채 그는 재위 46년 6월에 눈을 감았다. 이제는 모든 일이 살아 있는 자들의 문제로 남겨졌지만, 별달리 새로운 해답을 마련할 수 있는 것은 아니다. 싫든 좋든 윤이 왕으로 등극하는 일은 이제 움직일 수 없는 사실이 되었다.

윤은 원래 병약한 몸을 갖고 태어났다. 여덟 살에 왕실의 친인척들과 왕릉에 참배하러 갔을 때 기운이 없어서 비척댄 적도 있었다. 자라면서도 건강이 별로 좋아지지 않았는데, 부왕이 눕자 주야를 가리지 않고 병간호에 매달렸다. 그는 『단암만록』에서의 내용(세자가 우는 소리가 없는 데다 웃기까지 했다는 것)과 달리 쾌유를 빌며 왕의 병상 옆에서 자주 울었다. 자는 것, 먹는 것, 그 어느 것 하나 제대로 하지 못한 채 그는 부왕의 병상을 지켰다. 이로 인해 건강은 더욱 나빠져갔다. 고통을 안겨주는 실어증도 나아질 기미가 보이지 않았다.

윤과 금의 형제를 두고 노소론은 각기 편을 갈라설 명분을 얼마든지 찾을 수 있었다. 노론 측에서는 나라와 국민을 생각해서 윤보다는 금이 왕으로서 적합하다고 생각했다. 몸도 약하고 매사에 분명한 결단을 보여주지 못하는 윤에 비해 금은 명민했다. 똑똑했고, 일 처리에서 과단성도 있어 보였다. 금이 만약 왕이 된다면 나랏일을 윤보다 잘해갈 수 있으리라는 것이 그들의 판단이었다.

그러나 소론과 이들에 가세하고 있는 남인들의 입장은 달랐다. 그들은 세자인 윤의 정통성을 무엇보다 소중하게 여겼다. 윤은 장자일뿐더러 세자로서 후계자 수업을 오랫동안 받아왔다. 몸이 약하고 지도자로서의 자질을 문제 삼을 수도 있겠지만, 커다란 흠이 있다고 할 순 없었다. 소론 측에서 볼 때 노론이 윤에게 보여주는 거부의 태도는 신하로서 도저히 용납할 수 없는 행동이다. 아랫사람이 어떻게 정통의 지도자가 되는 인물에 대하여 이러쿵저러쿵하며 그 지위를 바꾸고자 할 수 있는가. 그들이 볼 때 노론 측의 태도는 역모 행위에 다름 아니었다.

　노소론의 입장은 단순한 명분에만 있는 것은 물론 아니다. 파당으로는 집권욕, 개인으로는 각자의 출세욕도 있는 데다 역사적인 애증관계도 개입해 있었다.

　윤은 장희빈, 금은 숙빈 최씨의 소생이다. 그런데 장희빈은 남인과 소론의 지지를 받았었고, 숙빈 최씨는 노론의 지지를 받을 입장에 있었다. 최씨는 노론 집안 출신으로 왕비가 된 인현왕후 편으로 간주되고 있었던 까닭이다. 그러니 윤과 금에 대한 소론과 노론의 대립 구도는 2대에 걸쳐 내려오고 있는 셈이다. 그들이 각기 윤과 금을 지지하는 입장의 저변에는 명분만으로 볼 수 없는 역사의 뒤안길이 깔려 있었다. 그리고 그것은 윤과 금 형제의 우애를 심각하게 손상시킬 뇌관이 될 가능성이 없지 않았다.

【제2부】
거대한 역전

- 세자 책립
- 국정의 대리 문제
- 윤의 정치적 승부수로서의 '대리청정'
- 노론을 숙청하는 윤
- 임금으로서의 윤 - 경종의 재발견
- 환관들의 모해
- 또다른 모략 - 목호룡의 고변
- 교문敎文의 의문
- 우애는 변함없다
- 윤의 타계 - 독살설에 대한 반론

세자 책립

윤, 드디어 왕위에 오르다

　부왕 숙종의 뒤를 이어 윤은 왕위에 올랐다. 이로써 나라를 이끄는 모든 권한과 책임은 그에게 주어졌다. '자리에 앉는 것'의 막중한 의미가 세상 어디에도 비교할 수 없게 된 상황에서 그는 어깨가 무거워짐을 느껴야 했다. 아마 진심은 왕이 되고 싶지 않은 쪽이었을 것이다. 윤은 왕으로서의 격무를 감당하기 어려운 자기 자신을 이미 잘 알고 있었다. 건강이나 성격 어느 면에서도 왕으로서의 자신감을 불러일으킬 수 없었다. 그에게 왕위는 일종의 강요된 자리로 느껴졌을 것이다.

　거역할 수 없는 제도의 힘은 그러나 이제 그를 왕위에 올려놓았다. 최고의 권력이 주어진 사실에 이의를 달 사람은 아무도 없었다.

신하들은 이제 복종하는 자세를 보였고 충성을 표명했다. 그의 즉위를 바라지 않던 노론의 신하들도 외형상으로는 여기서 벗어날 수 없었다. 윤이 즉위한 직후의 권력질서는 일단 그런 양상으로 시작되었다.

희빈 장씨 작위 회복, 무산되다

그런데 곧 간단치 않은 일이 생겨난다. 윤을 편들고 잘 보이고자 하는 측에서 장희빈의 작위 회복 문제를 들고 나온 것이다. 이때까지 장희빈은 법상으로 죄인의 몸이었다. 윤의 생모였지만, 인현왕후를 저주해 죽도록 했다는 이유로 죽임을 당하고 희빈의 작위도 박탈당한 터였다. 이 조치는 부왕인 숙종의 엄명에 따른 것이어서 함부로 바꿀 수 있는 사안이 아니다. 그러나 왕의 생모를 그대로 죄인시하여 작위가 없는 상태로 둔다는 것도 도리에 맞지 않는다. 이것은 왕을 죄인의 아들로 두는 셈이니 국가적으로 보더라도 분명히 문제 삼을 만한 일임에 틀림없었다.

윤의 즉위 초에 이 문제를 거론하고 나선 사람은 유학幼學(소과에도 오르지 못한 선비들에 대한 당시의 호칭) 조중우였다. 그는 장씨의 희빈 작위를 회복시켜 나라의 체모를 제대로 갖추어야 한다고 주장하였다.

"어미가 아들로써 존귀하게 되는 것은 『춘추』의 대의입니다. 이제 전하께서 종사의 주인이 되었는데, 낳아주신 어버이는 오히려 명호가 없이 한 줌의 무덤에는 풀만 황량합니다. 신이 기억하기로는 지난날 선대왕(숙종)께서 전하의 정리를 통촉하여 특히 천장遷葬을 허락하셨고, 전하의 뜻을 살피셔서 다시 망곡望哭하게 했으니, 이로써 미루어 보건대 선대왕의 척강陟降하는 영혼이 오늘날의 거조에 대하여 반드시 어긋났다고 하지는 않을 것입니다. 신이 삼가 『선원보략璿源譜略』 1책을 보니, 전후의 찬집纂輯에 있어 모두 품의하여 결재해주셨는데, '희빈禧嬪' 두 글자를 일찍이 삭제하지 않았으니, 선대왕의 은밀한 뜻이 어찌 그 사이에 있지 않겠습니까? 엎드려 원하건대 특히 예관에게 명을 내려 빨리 명호名號를 정하여 지극한 정리를 펴고 나라의 체통을 높이소서."

선대왕의 뜻을 거스르는 일이 아님을 강조하기 위해 『선원보략』을 끌어와 내밀었지만, 이는 넘겨짚기인 것이지 숙종의 뜻으로 단정 짓기는 무리가 있다. 아무튼 노론에 대한 정면공격의 포문을 연 것이었다. 경종이 왕위에 오르자마자 집권 여당과 거대 야당의 대결이 촉발된 것이다. 노론이 이 마수걸이 싸움에서 가만히 앉아서 밀릴 리가 없다. 소론이 상소자로 지방 유생을 부추겨서 총대를 매게 한 사실로 봐서도 이 문제가 얼마나 위험한 모험이었는지가 드러난다. 노론 측에서는 이를 당치않은 일로 성토하고 나섰다. 사헌부 집의로

재직 중인 조성복이 이에 앞장섰는데 그의 말도 근거는 있었다. 장씨의 작위를 박탈한 바는 선왕에 의한 것이니 지금 신하 된 자들이 회복시킬 수 있는 사안이 아니라는 게 그의 주장이었다.『논어』에도 보면 아버지가 돌아간 뒤에 3년간 그 뜻을 거역하지 말 것을 가르쳤으니, 이에 비추어보더라도 조성복의 말은 일리가 있었다.

만일 윤이 왕으로서 좀더 강단과 융통성이 있었다면 이 문제는 적당한 타협점을 찾아 해결될 수 있었을 것이다. 그러나 실제 그렇지 못한 상태에서 장희빈의 작위 회복을 들고 나온 측의 희생은 불가피했다. 즉 윤은 노론 측이 주장하는 명분에 눌리고, 정국을 주도하는 그들의 세력을 무시할 수 없어 결국 처음 이 문제를 제기한 자들(조중우, 박경수)을 유배시키는 조치를 취하게 된

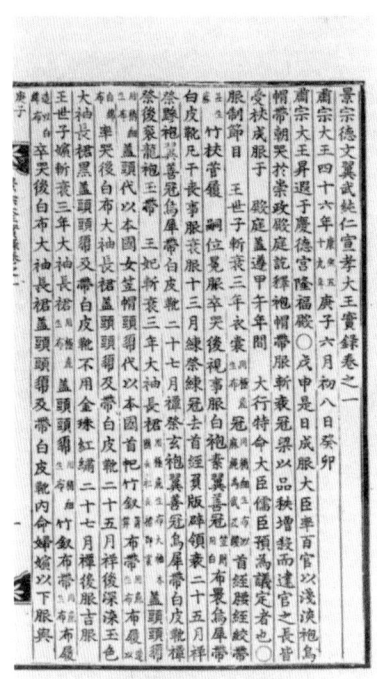

『경종실록』. 경종 재위 4년간(1720~1724)의 실록. 1726년 8월부터 1732년 2월까지 편찬되었는데, 그 내용이 노·소론 간의 대립과 신임사화가 주류를 이루며, 편찬인들도 이집 등 소론이 주류를 이루고 있어, 뒷날『경종수정실록』을 편찬하게 되었다. 본 자료는 권1 가장 앞 부분.

다. 본인의 의사와 달리 그로서는 선택의 여지가 없었다. 경종의 말을 직접 들어보자.

"이제 조중우의 상소문을 보니, 글의 뜻이 오로지 빨리 명호名號를 바로잡는 데에 있으면서 그 아래 조항에는 어미가 아들로써 존귀하게 된다고 말했고, 감히 선대왕의 오르내리는 영혼이 오늘날의 거조에 대해 반드시 어긋났다고 하지 않을 것이라 했으며, 또 감히 선대왕의 은밀한 뜻이 그 사이에 있다고 말했으니, 이 어찌 신하 된 자가 차마 입에 올릴 말이겠는가? 또한 처분하신 뜻에도 어긋난다. 하물며 지금 선왕이 누우셨던 침상이 채 식지도 않은 날에 어찌 감히 무망한 말로써 이와 같이 자행하겠는가? 통렬히 배척하지 않을 수 없으니, 조중우를 변방에 정배하고, 이 소는 도로 내주도록 하라."

윤의 어조는 단호하다. 결코 조중우를 방어해주지 않았다. 아비를 잃은 자식의 심정에서 마땅히 느낄 법한 거부감과 효의 도리를 전면에 내세워 소의 조목조목을 윽박지르고 있다. 생모 장씨에 대해서는 일언반구 마음을 비치지 않고 있다. 왜 그랬을까? 이것은 혹시 조심스럽게 정국을 구상하던 윤이 소론의 경솔한 정치적 공격에 느낀 부담을 표현한 것은 아니었을까? 결국 심하게 고문받은 조중우는 유배를 떠나다 길 위에서 죽고 말았다.

이 결과는 노론에게 자신들의 의사를 왕에게 관철시키는 데 자신감을 가지도록 해주었다. 장씨의 작위가 회복될 경우 그녀의 당파적 기반인 남인의 득세와 소론 세력의 강화가 예상되었다. 그런데 이를 저지했다는 점에서도 그들은 승리감을 가질 수 있었을 것이다. 자신감과 승리감은 흔히 교만을 가져오기 쉽다. 이럴 경우 그들에게 요구되는 것은 무엇보다 겸손함을 지킬 줄 아는 자제력일 텐데 보통의 인간이라면 쉽지 않은 일이다.

과연 윤의 즉위 이듬해인 원년 8월 들어 노론은 겸손함과는 거리가 먼 태도로 왕의 후계자 문제를 들고 나왔다. 금을 세자(호칭은 왕세제)로 삼을 것을 요구하고 나선 것이다. 윤에게 소생의 왕자가 없으므로 왕위 계승의 제1순위는 당연히 연잉군 금에게 있다. 그런데 문제는 왕의 나이가 서른넷으로 아직 젊다는 사실이다. 왕비 어씨의 나이도 10대 후반이어서 왕자를 출산할 가능성이 없지 않다. 그렇다면 몇 년쯤 더 기다려보아 그래도 소생이 없을 때 이 문제를 거론하는 게 순리로 보인다. 그런데 노론 측에서는 서둘러 금을 세자로 삼도록 왕에게 요구하고 나선 것이다. 왕의 건강 상태로 볼 때 소생을 둘 가능성이 없다고 본 까닭이다. 왕은 건강이 좋지 않아 제대로 경연을 열지 못하고, 선왕에 대한 제사도 제대로 드리지 못하는 형편이다. 따라서 그들의 뜻을 순수하게 본다면 한시 바삐 왕의 후계자를 확정하여 국정에 안정을 기하려는 것으로 볼 수 있다.

그러나 그들 중 일부는 세자를 세우는 문제가 자신들의 공명功名과도 관련된다고 여겨 야비한 행동을 보이는 경우가 없지 않았다. 금이 세자가 된다면 가장 큰 혜택을 받는 이는 당연히 연잉군인 금이다. 이 점을 두고 노론의 일부가 금에게 노골적으로 접근해갔다.

연잉군 금의 조심스러운 처신

이 당시 금은 노소론이 대립하는 데다 세자가 없는 정국이어서 한껏 몸조심을 하며 지내고 있었다. 무슨 음모에 걸려들어 희생물이 될지 알 수 없다고 판단한 까닭이다. 왕손으로서 음모에 관련된 혐의를 받고 죽은 사람은 한둘이 아니다. 광해군대의 임해군이나 영창대군이 대표적이지만, 그 외에도 예를 들자면 수없이 많다. 왕손이라는 이유만으로 내막도 모른 채 죽어간 경우도 있다. 자기도 모르는 새에 역적들의 추대를 받는 인물이 되었다가 당한 경우가 그렇다. 금으로서는 조심하지 않을 수 없는 일이었다. 생전에 모친도 그에게 항상 조심하며 살라는 당부를 했으므로 더욱 신중히 처신하며 지냈다. 될 수 있는 한 사람들도 만나지 않으려고 했다. 쓸데없는 말과 그로 인한 세간에서의 오해를 차단하고자 한 방편에서 나온 행동이었다.

그러나 처가 쪽 사람들은 아주 외면할 수가 없어서 가끔 만나곤 하였는데, 서덕수도 그중 한 사람이었다. 처조카인 그는 노론이었고, 그 당파에서 논의되는 바를 금에게 전해오곤 하였다. 금은 원래 건달기가 있는 서덕수를 호의적으로 보지 않았다. 그래서 그가 전하는 이런저런 말을 못 들은 체하고 지냈는데 서덕수의 태도는 그게 아니었다. 그는 금의 동정을 살펴서 노론 측에 알렸고, 그에 따른 자기 당파의 요구도 금에게 전달하는 일을 하였는데 예컨대 이런 식이었다.

'우리가 군에게 유리한 일을 하려고 하니 그 점을 알아주십시오.'

연잉군 당신이 세자가 되도록 일을 추진할 터이니 자신들의 공로를 잊지 말고 후일에 보답해달라는 말이었다. 나라를 위한다고 하지만 속으로는 자신들의 이익을 위해서 일을 추진하고 있는 것이었다.

궁 밖의 사가에 나와 있는 금에게 서덕수가 세자 책봉 건을 들고 처음 찾아왔을 때 그는 몹시 긴장된 태도에다 얼굴은 흙빛을 띠고 있었다. 의도가 순수하지 못하니 표정이 자연히 그렇게 되고 만 것이다. 금이 못 들은 척하고 아무런 눈치를 보이지 않자 서덕수는 (노론의 뜻을 대변하여) 협박까지 했다.

"만약 계속 이렇게 나온다면 다른 사람을 얻어 결국 이 계획을 소론 측에 알려서 잿더미가 되도록 할 것이오."

우리 노론의 계획에 따르고 적극 협조하라. 그렇지 않으면 당신이 불순한 의도로 세자가 되려는 것으로 소론에 알려 엄청난 일을 만들어내고야 말겠다는 수작이었다. 잿더미 운운하고 있으니 보복의 강도가 이만저만이 아니다. 협박이라도 이런 협박은 없을 것이다.

금은 노론 측의 일부가 보이는 이러한 행동에 어이가 없고 두려운 생각까지 들었다. 나라는 안중에도 없고, 오직 자신들의 이익만을 챙기겠다는 태도가 아니고 무언가. 형인 윤에게서 끝내 왕자가 태어나지 않는다면 자신이 세자가 되는 것은 누가 보나 당연했다. 그런데 지금 서둘러 그 일을 하면서 자신들의 이익을 위해 협박까지 가하니 참으로 무섭다는 생각이 들었다. 이런 인간들이라면 언젠가 자신을 없애고, 심지어는 형 윤까지 시해할는지 모를 일이다. 왕족들을 모두 죽이지 않는다고 보장할 수도 없다. 이런 생각이 밀려드니 금은 마음이 떨리고 아파서 그저 남몰래 눈물을 머금은 채 울 뿐이었다.

노론의 지원을 받았으면서도 금이 훗날 그들 일변도의 정책을 취하지 않은 데에는 이때의 일도 영향을 미쳤으리라. 그는 김창집 등 노론의 일부 대신들에 대하여 평생 좋은 생각을 품지 않고 살았다.

왕을 어린아이 다루듯 하는 노론

지도자가 권위가 없고 단단해 보이지 못하면 아랫사람들은 방자해지는 경향이 있다. 윤의 치하에서도 이 점은 마찬가지여서, 그를 만만하게 보는 신하들은 자그마한 일까지도 관여하려고 들었다.

부왕인 숙종의 승하로 청나라의 조문 사절이 왔을 때이다. 신하들은 그에 대한 응구 접대를 두고 시시콜콜한 일에까지 윤을 가르치려 든다.

'저들을 접견하실 때에 매사를 소홀히 하지 마소서.'
'저들에게 전하께서 친히 말씀하시는 것을 듣게 하소서.'

'다례(茶禮)를 하고 연회를 할 때 친히 수저를 드시어 저들이 보도록 하소서.'

청나라 사신들도 조선에 대한 여러 사정, 특히 왕에 대한 건은 어지간히 듣고 올 것이므로 이런 말이 있게 되었다고 보아야 할 것이다. 신하들이 윤에 대하여 자주 지적한 사항들—말이 너무 없다, 명확한 판단이 어렵다, 무게와 과단성이 부족하다—을 넘어 청 사신들은 왕이 변변치 못하다는 말까지 듣고 올 수 있다. 그리하여 신하들은 걱정이 되어 충언을 드린다고 하는 말이지만, 참으로 딱한 일이 아닐 수 없다. 이건 왕이 아니라 어린애를 다루는 태도가 아닌가.

윤이 권위가 없고 보니 죄인의 처벌을 명해도 그대로 집행되지 않는 경우까지 있었다. 그의 즉위 초에 성균관 유생인 윤지술이 장희빈과 관련된 문제로 윤을 모독한 것도 이미 예삿일은 아니었다. 그는 판중추부사 이이명이 승하한 숙종의 묘지문(墓誌文)에서 장희빈이 인현왕후를 저주해 죽게 한 사실을 명백히 기록하지 않은 일을 규탄했다. 공적으로 죄인인 사람을 현왕의 생모라고 해서 어물어물 넘어갔다고 보아 이렇게 나온 것이다. 이 사건은 앞서 조중우가 희빈 작위를 복귀시키자는 주장의 반대편에서 촉발된 것으로 경종 재위의 굵직한 정치적 사태 중 하나이니 잠시 진행과정을 살펴보도록 하자.

하루는 성균관 재학생들이 권당(捲堂)하는 일이 벌어졌다. 권당은 성균관의 유생들이 불평이 있을 때 일제히 관을 비우고 물러나던 일

조선후기의 문신으로 숙종~경종 조 노론의 거두 김창집. 기사환국 때 부친이 사사되자 은거했다가 영의정까지 올랐으나, 경종 때 왕세제의 대리청정을 주장하다가 소론의 반대로 대리청정이 취소되어 관직에서 물러났다. 이어 신임사화가 일어나 유배되었다가 사사되었다.

로 집단 수업 거부 내지는 파업을 의미한다. 대사성 황귀하黃龜河가 여러 유생들을 불러 그 연유를 물어보았다. 그러자 유생들의 대표격인 장의掌議 윤지술尹志述이 그 이유를 밝혔는데 대강 아래와 같다.

> "이이명이 지은 선왕 묘의 지문誌文 가운데 신사년(장희빈에게 사약을 내린 일)과 병신년(병신 처분으로 노론 정통론이 형성된 일) 두 해의 일을 미진하게 다뤄, 제가 이를 개정할 것을 발의했습니다. 그런데 한 사람도 호응하는 이가 없었고 오히려 모두 피했습니다. 이러한 낭패를 당했으니 어떻게 태연하게 입당하겠습니까? (…) 판부사 이이명이 지어 올린 유궁幽宮(숙종의 묘)의 지문을 보면, 신사년의 일은 숨기고 쓰지 않았으며, 병신년의 일은 은밀하게 표현하여 옳고 그른 것을 뒤섞이게 만들었습니다. 이이명은 흰머리의 늙은 나이에 이해득실만을 살피고 갖은 계교를 다 써서 선왕의 융숭한 은혜를 잊어버린 채 후일 참적讒賊의 구실거리를 만들었으니, 이 어찌 인신人臣으로서 차마 할 일이겠습니까? 전하께서는 새로 보위에 올라 사직과 백성의 주인이 되었으니, 다시 사친私親을 돌볼 수 없는 것은 지극히 명백한 의리입니다. 엎드려 원하건대 빨리 다른 대신에게 명하여 유궁의 지문을 고쳐 지어 통쾌하게 사실을 밝힌다면 실로 국가의 다행이겠습니다."

사리로는 타당성이 없지 않다. 그러나 왕인 윤을 한껏 넘보지 않았다면 이렇게까지 공공연하게 나올 수는 없을 것이다. 당연히 윤으로서는 그에 대한 처벌(유배)의 명을 내렸으나, 쉽사리 이행되지 않았다. 선비들의 사기를 고려해야 한다는 등의 여러 이유를 들며 주로 노론 측에서 반대하고 나선 탓이었다. 만일 부왕인 숙종 치하에서라면 신하들은 이런 거조를 감히 보일 수 없었을 것이다.

심지어 성균관 유생들은 왕이 유배 명령을 거두지 않자 며칠씩 성균관으로 출근하지 않는 등 권당을 통해 왕을 노골적으로 압박했다.

왕으로서 윤의 권위가 서지 않는 상태에서 영의정 김창집은 한껏 위세를 부리고 있었다. 많은 신하들이 그의 눈치를 보는 데까지 이르렀다. 앞서 언급했듯이 김창집은 윤보다 동생인 금을 더 좋게 보고 있었다. 똑똑하고 매사에 흐리터분한 데가 없는 금이다. 왕으로서 분명한 결단을 보여주지 못하는 윤에 비하면 어디로 보나 낫다는 것이 그의 생각이었다. 그가 '신하가 임금을 선택한다[擇君]'는 말을 했다는 이야기도 그래서 나왔을 것이다. 신하로서 감히 하기 어려운 말을 이처럼 할 수 있는 인물이라면 생각을 마음속에만 간직해두지는 않을 것이다.

그와 함께 대신의 반열에 있는 이이명도 금에게 호감을 가지고 있기는 마찬가지였다. 왕은 임금 노릇을 제대로 하지 못하고, 세자도 없는 처지다. 가까운 시일 내에 왕자를 출산할 가능성도 별로 없어 보인다. 이러한 상태에서 그들은 금을 세자로 앉혀야 한다는 생각을 하게 된다. 왕의 후계자로 금을 공식적으로 지명해놓아야 뒤가 확실하다고 본 것이다. 윤의 재위 원년 8월에 그들이 이끄는 노론 측에서 금의 세자 책봉을 들고 나온 것은 그 때문이다.

그러나 왕이 즉위한 지 얼마 되지 않아 시기적으로 너무 빠른 감이 있었다. 가능성은 낮아 보이나 왕이 왕자를 낳을 가능성이 전혀 없지 않다는 점도 발목을 잡는 요인이었다. 따라서 시간이 많이 요구될 수 있는 문제였으나, 의외로 움직임은 빨라졌다. 사간원 정언으로 있는 이정소가 정식으로 이 문제를 들고 나선 것이다. 좌고우면左顧右眄할 것 없이 노론이 그를 앞세워 우선 치고 나온 형국이었다. 윤은 이에 대하여 가타부타 언급을 하지 않은 채 대신들에게 의논을 해보도록 지시하였다. 그러나 문제제기를 마땅치 않게 본 이조판서 최석항 등 소론 측에서는 아예 논의하는 자리에 참석하지 않았다. 노론 측의 의도를 불순하게 본 까닭인데 사실 이러한 생각부터가 정상이 아닌 점이 있다.

지난날 제12대 왕인 인종 때도 이와 비슷한 상황에서 세자를 세우는 문제가 제기되었지만, 색안경을 끼고 그것을 보는 사람은 없었다. 인종도 윤과 마찬가지로 아주 약했고, 서른이 넘도록 슬하에 왕자도 없었다. 소생을 둘 가능성이 별로 없어 보이는 점도 마찬가지였다. 이러한 상태에서 그의 뒤를 이을 정통의 후계자는 후일에 명종이 되는 아우 경원대군뿐이었다. 그리하여 당시 영의정이던 이준경을 비롯한 대신들은 하루빨리 경원대군을 왕세제로 세우도록 왕에게 청을 드렸다. 타당성이 있는 건의였고, 누구도 그 진의를 불순하게 보는 사람은 없었다. 오히려 그후에도 일을 주도한 이준경을 높이 평가하고 있을 정도이다.

　당시의 상황에 비추어본다면 윤은 인종인 셈이고, 금은 경원대군에 해당된다. 그렇다면 금을 세자로 세우는 일도 순수하게 받아들여질 수 있어야 하는데 실상은 그렇지가 않다. 파당이 갈려 서로 상대를 의심하고 있기 때문이다. 그런 상태에서 금을 세자로 세우는 일이 추진되어갔다. 소론은 노론의 '세자 세우기'를 의심했지만, 노론은 소론을 경계하면서도 일을 진행해갈 수밖에 없게 된 것이다. 이정소의 반론을 계기로 사태는 이미 돌아가기 시작했다. 쉽게 멈추어질 수 있는 일은 아니었다.

한밤중에 몰려온 신하들

　금을 세자로 세우는 일을 노론 측에서는 8월 20일 밤 10시경에 기어이 밀어붙였다. 영의정 김창집, 좌의정 이건명, 판중추부사 조태채, 호조판서 민진원 등 노론의 핵심 되는 신하들이 윤에게 세자를 세워야 한다고 강력하게 청을 드린 것이다. 물론 소론은 배제시킨 상태에서 이루어진 것으로 노론은 그들만의 행동으로 단번에 일을 해치울 기세였다. 시민당에서 이루어진 군신 간의 이날 만남에서 윤은 으레 있을 법한 최소한의 어떤 질문도 하지 않았다.

　'이것이 조정 모든 신하들의 한결같은 뜻이냐.'

이건명. 조선후기의 문신. 숙종 때 여러 관직을 지냈으나 경종 때 신임사화로 나로도에 유배되었다가 사사되었다. 1724년(영조 즉위)에 신원되었다. 시문과 글씨가 뛰어났으며 특히 송설체松雪體로 이름을 날렸다. 문집에 『한포재집』이 있다.

조태채. 노론 4대신의 한 사람으로 세제 책봉을 건의, 실현시켜 대리청정하게 했으나 소론의 반대로 철회되자 사직했다. 이후 소론의 사주를 받은 목호룡의 고변으로 진도에 귀양간 뒤 사사되었다. 1725년(영조 1) 복관되었으며, 과천의 사충서원, 진도의 봉암사에 제향되었다. 문집에 『이우당집二憂堂集』이 있다.

'지금 밤중에 이런 문제를 제기하는 것이 과연 상황으로 보아 온당한 것이냐.'

이런 말쯤은 있어야 했다. 만일 그도 아니라면
'무엄하다. 갑자기 들이닥쳐 강요하듯이 이런 문제를 꺼내다니…… 그대들은 중벌을 면치 못하리라'

하는 등 왕 된 입장에서 어떤 식의 말이라도 한마디쯤은 있어야 제대로 된 모양새가 있어 보인다. 하지만 윤은 별다른 말도 없이 그들의 요구를 듣고만 있었다. 속에 있는 생각들을 입 밖에 내기가 어려운 탓도 물론 있었을 것이다. 긴박한 분위기에서 그의 실어증은 한층 심해졌을 것으로 보인다. 그렇더라도 단 몇 마디라도 했어야 하는 것이 아닌가. 세자를 세워야 할 것에 대한 김창집 등의 말이 있고 난 뒤 왕의 비서격인 승지 조영복마저 강요하듯 윤에게 채근하였다.

"대신들의 말은 모두 나라의 대계大計를 위한 것이니 청컨대 윤종允從하소서."

받아들이고 그대로 따르라는 말이다. 윤이 금방 따르지 않을 것을 예상하고 하는 말 같다. 그러나 윤은 아무런 이의를 달지 않은 채 "윤종하겠다"는 말만 했다. 그렇다면 일은 이미 결정된 것이지만, 신하들은 그 이상의 요구를 해댄다. 윤의 계모가 되는 대비(숙종의 제2계비인 인원왕후 김씨)가 직접 쓴 교지가 있어야 한다고 고한 것이다. 왕이 허락했으면 됐지 이런 요구까지 할 필요는 없다. 윤이 결정을 자주 바꾸는 일이 있었으므로 사후에 번복될 가능성을 없애기 위해 김창집 등은 이러한 청을 아뢰었다. 누가 보더라도 신하로서의 태도가 아니었다.

윤은 그들의 무리한 요구도 수용하여 대비를 만나고자 대내로 들어간다. 마치 왕으로서의 위엄이나 권위가 손상되고 있다는 생각을 전혀 할 줄 모르는 사람 같았다. 대비를 만나러 들어간 뒤 윤은 얼른 나오지 않았다. 김창집 등 합문閤門 밖으로 나와서 기다리던 노론의 대신들은 초조하고 불안했다. 윤이 평소의 그답지 않게 돌변한 태도로 노기를 띠고 나타나 이렇게 말할는지도 모른다.

'세자를 정하는 것은 아직 이르다. 그보다 이 밤중에 나를 강박한 그대들을 용서하지 못하겠다. 썩 대죄하지 못할까!'

그러면서 자신들에게 형벌을 내릴 수도 있다. 그처럼 단호할 수 있는 왕의 모습은 그들이 마음속으로는 진작 바라던 것일 수 있다. 그랬다면 그들도 왕을 밤중에 이토록 몰아가지는 못했을 것이다. 그러나 이제는 윤이 왕답게 나오는 것이야말로 두려운 일이다. 그렇게 되면 자신들의 목숨은 추풍낙엽일 수밖에 없다. 초조와 불안이 그들의 마음을 계속 휘감는데…… 그러나 윤은 역시 윤일 뿐이었다.

왕의 체모도 잊은 채 신하들의 강청을 충실히 수행하여 그가 나타난 것은 새벽녘! 김창집 등은 그에게 확실히 대비의 글을 받아가지고 나왔는가를 물었다. 아울러 그것이 있어야만 일을 봉행奉行할 수 있다는 말도 하였다. 어린아이에게 일을 시킨 뒤 그대로 했는지 확인

조영복 영정. 동생인 조석이 그린 것이다. 『승정원일기』를 보면 조영석이 형의 모습을 너무도 생생하게 그렸던 일이 당시 대신들 사이에서 거론되었다고 기록되어 있다.

하는 것과 같은 행동이다. 윤은 어떤 감정도 드러내지 않은 채 책상을 가리키며 이렇게 말했을 뿐이다.

"봉서封書는 여기 있소."

노론의 대신들이 뜯어보니 두 장의 종이가 들어 있는데, 한 장에는 한문으로 된 '연잉군'이라는 세 글자가 적혀 있었다. 나머지 한 장에는 한글로 선왕(숙종)의 혈육으로는 주상(윤)과 연잉군뿐이니 자신은 (세자를 누구로 하는가에 대하여) 달리 아무런 뜻을 가지고 있지 않다고 하였다.

『단암만록』에 의하면 대비는 사전에 노론 측과 금을 세자로 세우는 데 합의를 보고 이런 결정을 내린 것으로 되어 있다. 윤의 계비인 왕비 어씨가 금 대신 왕족 중의 어린아이를 입양하여 대통을 잇게 하려는 데 따른 것이었다고 한다. 이 때문에 일부에서는 대비가 노론 측과 정치적 야합을 한 것처럼 보는 견해도 있으나, 그런 시각은 무리일 듯싶다. 대비는 소론인 김주신金柱臣의 딸이다. 김주신은 김창집과 가깝기는 해도 만년에 노론의 전횡을 우려할 정도로 소론의 입장에 충실한 사람이었다. 이러한 자의 딸이 사사로운 이해로 노론 측과 금의 세자 책립을 밀약했다고는 보기 어렵다. 그보다 그녀는 왕실의 직계 왕자로서 윤 외에 금이 유일한 인물이었으므로 양식에 입각해 자신의 결정을 내린 것으로 생각된다. 『단암만록』에 나오는 대로 그녀가 먼저 노론에 밀지를 내려 사전 합의가 있었더라도 이런 관점에서 이루어진 것이라고 보아야 한다.

금을 세자로 결정하는 과정에서 노론이 윤을 무시하고 있는 행태는 누가 봐도 분명했다. 그리고 이즈음 들어 그들은 윤이 백성들에게 좀더 호감을 얻을 수 있는 여지까지 봉쇄한 면이 있다. 윤은 건강이 좋지 않아 부왕의 능에 그동안 참배하지 못하다가 모처럼만에 친히 제사를 지내고자 했었다. 신민 모두가 바라던 바였으므로 대부분 이를 알고 기뻐하였다. 그런데도 김창집은 왕의 건강상의 이유를 들어 이를 중지하도록 청함으로써 의심을 샀다. 사람들은 이를 두고 윤이 신민들에게 좋은 평가를 받지 못하도록 하려는 짓이라고 생각했다.

　김창집의 이러한 태도가 사실이라면 도대체 그는 누구를 위해 이러한 짓을 했나? 물론 금 때문이라고 여겨진다. 현왕인 윤보다 금에게 기대를 걸고 그를 위해서 취하는 태도인 것이다. 아마 윤을 왕답지 못한 인물로 계속 부각시킴으로써 금이 조기에 왕이 되도록 하는 작업을 염두에 두고 있었던 것이 아닐까? 윤의 조기 퇴진을 그는 어떤 형태로든 구상하고 있었던 것은 아니었을까? 한밤중에 소수의 노론 측 대신들만으로 윤을 강박하여 금을 세자로 세운 거조부터가 그러한 추정을 가능케 하고도 남는다. 물론 금이 세자가 되는 일은 윤에게 후사가 없고, 그 가능성도 별로 없으니 사리로 볼 때 당연한 일이다. 그리하여 노론 대신의 한 사람인 이건명은 금의 세자 책봉 문제가 신속히 결정되지 않는 기미가 보였을 때 이런 말도 했었다.

　"연잉군은 선왕의 아들이고 금왕今王의 아우인데, 만약 그를 책립하지 못한다면 마땅히 나는 머리를 풀어헤치고 산속으로 들어가 선왕을 만나뵙겠다."

자살도 불사하겠다는 뜻이 담겨 있다. 어디로 보나 금이 세자가 되어야 한다고 본 것인데, 그러나 이미 살펴봤듯 여러 가지로 책립과정에 문제가 많았다. 당연한 일이 부자연스럽게 된 문제점이 있었던 것이다. 권력이 따르는 문제일수록 명쾌해야 하는 점을 생각하면 후유증은 이미 예고된 셈이다. 이 때문에 세자가 된 금의 입장도 편안할 수는 없었다. 형인 윤에 대한 도리로서도 그렇고, 자신에게 쏠릴 수 있는 의심을 없애기 위해서도 말을 해야 했다. 그는 세자가 되는 것을 사양하는 글을 윤에게 올린다.

"현재의 연잉군이라는 지위만으로도 저는 분수에 넘치는 일이라고 생각하나이다. 그런데 천만뜻밖에도 세자가 되라는 명을 내리셔서 놀란 나머지 몸 둘 바를 몰라 그저 울기만 했을 뿐입니다. 이 태평성대에 그저 편안히 지낼 수 있기만을 바랄 뿐이니, 원컨대 세자가 되라는 명을 거두어주소서."

윤도 이에 대하여 왕이자 형으로서 따뜻한 답을 내린다.

"너를 세자로 정한 것은 나라를 위한 일이니 사양치 말고 받아주기 바란다. 내 나이 서른이 지났건만, 아직 후사가 없는 데다 기질(이상한 병)도 있어서 나랏일을 생각하면 무엇을 어떻게 해야 할지 모를 판이다. 너는 소심익익小心翼翼(삼가고 조심하는 것)하고 근근자자勤勤孜孜(부지런하고 정성스러운 것)하여 만백성의 뜻에 부응해주기 바란다."

간곡한 말은 이후 금이 계속해서 사양의 뜻을 보여도 끊이지 않는다. 윤은 어떻게든 금을 세자로 확정하려는 태도를 고수했다. 이 배다른 아우에게 그는 절대적인 신뢰 외에 어떤 마음도 가지려 하지 않은 것으로 보인다. 금을 세자로 세우는 일이야말로 자신에게 주어진 소임이라고 믿고 있었던 게 확실하다.

윤에게 왕자가 없는 한 그 뒤를 이을 사람은 연잉군 금밖에는 없다. 전왕의 직계 왕자를 젖혀놓고 다른 왕족을 세자로 삼는 것은 아무래도 좋아 보이지 않는다. 그러므로 좀 빠른 감은 있지만 조정에서 얼마든지 정상적으로 논의할 수 있는 일이었다. 소론 측에서 논의를 지연시킬 수도 있겠지만 그들이라고 언제까지나 막을 수도 없는 일이다. 결국 금이 세자가 되는 일은 시간문제일 뿐인데, 노론이 절차를 무시해서 긁어 부스럼을 만드는 격이 되었다. 당연히 반대파인 소론 측에서 가만히 있을 리 없었다. 그들 모두가 금이 세자 되는 일에 반대했던 것은 아니다. 대부분은 금 개인에 대하여 악감을 가지고 있지도 않았다. 그러나 일의 절차상 문제에 대하여는 이의가 없을 수 없었다.

유봉휘, "절차 무시한 그들을 벌하소서"

노론 측에서 그동안 궁 밖의 사저에서 지내던 금을 대궐로 들어오게 하는 등 세자로서의 예우에 본격 착수하는 가운데, 행사직行司直 유봉휘가 상소를 올렸다. 내용은 누구나 당연히 지적할 수 있는 말을 모아놓은 것이었다.

'세자를 세우는 막중한 일을 소수의 대신들만 모여 심야에 강행한 것은 큰 문제다.'
'그것도 왕에게 명령하듯이 하였으니 도저히 신하로서의 대도일 수가 없다.'
'더구나 전하와 중전의 춘추로 보아 후사를 볼 가능성도 없지 않은데 어떻게 이런 일이 그토록 급하게 이루어질 수 있는가.'

이런 항변을 하면서 유봉휘는 연잉군이 이미 세자로 된 것은 바꿀 수 없는 일이라고 하였는데, 이는 그만이 아니라 소론 측 대다수의 생각이기도 했다. 법통으로 정해진 금의 세자 지위는 이제 누구라도 왈가왈부해서는 안 되는 것이다.

그런데 유봉휘는 이 상소에서 부당한 방법으로 왕을 핍박하여 일을 강행한 노론 측의 처벌을 강력하게 주장하고 나섰다. 이것도 소론 측 대다수의 생각을 반영한 것인데 물론 틀린 말은 아니다. 잘못한 일에 대하여 응분의 처벌은 있어야 한다. 그러나 노론의 대신들을 처벌하고자 하면 그들이 한 일의 자초지종에 대한 조사가 선행되어야 할 것이다. 그 과정에서 금의 개입 여부도 경우에 따라서는 문제가 될 여지가 없지 않다. 그런데 정치판의 일이란 도무지 그 귀추를 얼른 가늠하기 어려운 점이 있다. 만에 하나 소론 측의 누군가가 금의 개입을 조작이라도 해낸다면 왕과 세자라는 형제의 사이는 아주 불편해질 수 있다. 조그마한 혐의가 나타나도 좋을 것은 하나도 없다. 금의 뜻과 상관없이 노론 측에서 그의 처족인 서덕수를 앞세워 접촉이 있었던 일도 의심의 꼬리가 될 수 있다. 어디로 보나 문제가 간단치만은 않았다.

이번 세자 책립과정에서도 엉뚱한 유언비어가 사람들의 입을 타고 돌아다녔다. 누군가가 대비전에 진작 그런 말을 했다는 것이었다.

"연잉군이 정궁正宮(본처)을 구박하고 주색에 빠져 있으니, 이제 만약 그를 세자로 세운다면 (왕이 된 뒤에) 반드시 (숙종 15년인 1689년에 후궁인 장희빈이 정비인 인현왕후를 무고로 쫓아낸 것과 같은) 기사년己巳年의 일이 틀림없이 다시 일어나고 말 것입니다."

금도 물론 알고 있는 일이다. 없는 일도 세상은 참으로 잘 만들어낸다. 세상이란 게 본래 그런 것인가. 두려움과 환멸이 느껴지는 데다 짐도 무겁고 하여 금은 진심으로 세자가 되기를 사양했다. 하지만

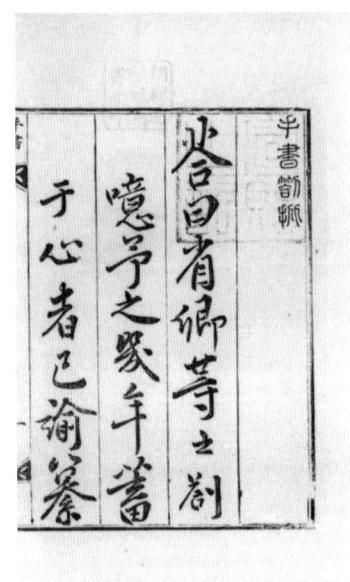

『천의소감闡義昭鑑』. 1755년(영조 31) 왕명에 따라 김재로 등이 편찬하여 왕세자 책봉의 의의를 밝힌 책. 내용은 세자 책봉을 에워싸고 갖은 음모와 풍파가 심하므로, 역사적인 사실을 적어 후세의 거울로 삼는 데 목적이 있었다. 인용된 것으로는 노론·소론의 당쟁이 치열하던 1728년(영조 4), 1730년, 1748년 등의 화란禍亂과 을해옥사乙亥獄事, 1755년(영조 31)의 사건이 소상히 적혀 있어, 이것을 통해 건저建儲의 의義를 후세에 밝히고 교훈을 남기도록 했다.

금의 세자 책립은 결국 정해진 대로 이루어진다. 유봉휘의 상소로 인해 금은 다시금 세자의 지위를 사양하였지만, 윤은 끝내 이를 들어주지 않았다.

"위로 나라를 생각하고, 아래로는 나라 사람들의 기대에 부응해야 할 것이니, 사양하지 말라."

이러한 답을 내리는 것과 함께 서둘러 금의 세자 책봉의식을 거행하여 다시는 이의가 제기되지 않도록 하였다. 이로써 금은 세자로 확정되었고 호칭은 왕세제, 즉 왕의 뒤를 이을 동생으로 불린다.

세자로 책봉되던 날 금은 만감이 교차하여 흐르는 눈물을 주체할 수가 없었다. 참으려고 해도 자꾸 눈물이 쏟아졌다. 기쁨과 마음의 고통이 한데 뒤섞여 흐르는 눈물이었을 것이다.

'무수리의 아들인 내가 세자가 되다니! 장차 왕이 될 수 있다는 얘기 아닌가. 꿈만 같다!'

그 역시 인간이기에 마음속에서의 이런 말을 억제하기는 어려웠을 것이다. 그러나 형인 윤이 노론 측으로부터 강박당한 것을 생각하니 아우로서 마음이 아린다. 자신이 저지른 일만 같아서 죄송스러운 마음도 든다. 형이 소생을 못 두어 자신을 세자로 삼게 된 것을 생각하니 그 또한 슬퍼진다.

'형님인 전하께 앞으로 충성을 다하면서 정말 잘 모셔야겠다.'

이런 다짐도 했으리라.

국정의 대리 문제

　윤의 재위 원년이던 이해 10월에 사헌부 집의인 조성복이 왕세제의 국정 참여 문제를 상소로 들고 나왔다. 8월에 노론 측이 금을 세자로 세우자고 주장한 바의 속편을 끄집어낸 것이다. 조성복은 지난날 부왕 숙종이 국정을 논의하는 자리에 세자 윤을 불러 곁에 앉히고 배우도록 한 전례를 우선 왕에게 상기시킨다. 그러면서 지금의 왕세제는 당시의 전하보다 나이가 훨씬 많으니 국정에 참여시켜 배우도록 하면 더욱 좋을 것이라면서 이렇게 말한다.

　"전하께서 신료들을 인접하실 때나 정령을 결재하시는 사이에 왕세제를 이끌어 옆에 앉히고 정치에 참여해서 듣도록 하여 가부를 상확(商確)하고, 일에 따라 배우고 익히게 하면 반드시 여러 업무에 밝아져서 국사에 도움되는 바가 있을 것이옵니다."

어조는 한껏 공손하게 나오고 있지만, 내용은 물론 무례한 것이었다. 왕이 독단적으로 판단하고 해결해나갈 문제를 왕세제와 공동으로 하라는 뜻이니 무엄하기 짝이 없는 말이다. 지난날 숙종이 세자 윤을 옆에 앉히고 정무를 처리한 일이 있지만, 이번의 경우와 그것을 비교할 수는 없다. 그때의 윤은 그저 앉아서 보고 듣는 데 그쳤다. 자기 견해를 밝힌다는 것은 어디로 보나 될 수 없는 일이었다. 윤은 그때 어렸고, 설령 성인이었더라도 엄격한 부왕 앞에서 감히 나선다는 것은 상상조차 하기 어려웠다.

앞서나간 윤, 대리청정을 명하다

그런데 조성복이 올린 상소를 보면 왕세제와 상확해서 일의 가부를 결정하라는 말까지 하고 있다. 왕 혼자 일을 처리하지 말고 왕세제와 상의해서 결정하라는 뜻이다. 그렇게 되면 왕의 전권은 어떻게 되는가? 물론 제약을 면할 수 없다. 상확 자체가 왕의 자의에 따라 할 바라고 해도 신하로서 이런 말을 감히 할 순 없는 노릇이다. 왕을 무시하거나 멸시하는 뜻이 담겨 있고, 왕권에 대한 직접적인 간섭이라고 볼 수 있다. 권력의 생리로 볼 때 윤과 금의 형제 사이를 결국 갈라놓게 만드는 건의가 될 수도 있을 것이다.

왕으로부터 벼락같은 처벌이 내려져도 조성복으로서는 할 말이 없다. 그러나 윤은 노기는커녕 조성복의 말을 기다렸다는 듯이 받아들인다.

"진달한 바가 매우 좋으니 유의하지 않을 수 있겠는가."

노론들도 마음속으로 놀랐을 법한 이 말에 이어 초저녁에는 승정원을 통해 자신의 심경을 담은 비망기를 내렸다.

"내게 기이한 병이 있어서 10여 년이 되도록 나아질 기약이 없거니와 이는 선왕께서 근심하시던 바였다."

이렇게 시작된 말은 지난날의 일부터 앞으로의 당부까지 절절이 이어진다. 숙종 43년에 자신이 대리청정을 한 것은 부왕의 병세가 중하므로 앞뒤 돌아볼 것 없이 달려들어 했다. 허나 지금 왕위에 오르고 나서는 일을 점점 감당해내기가 어렵다. 그 때문에 나랏일을 생각하면 주야로 걱정이 되고, 요즈음 들어서는 증세가 더욱 심해져 정무와 관련된 일을 묻고 대처하는 것조차 어려울 정도다. 그 결과 정사가 제대로 처결되지 않고 있으니 이는 큰일이 아닐 수 없다.

이같은 말과 함께 윤은 아우인 금에게 대리청정을 시키도록 명을 내린다.

"세제는 지금 한창 나이인 데다 영특하고 밝으니 만약 대리청정하게 한다면 나라는 의탁할 데가 있고, 나는 편안하게 병을 조섭할 수 있게 된다. 그러니 대소의 모든 국사를 세제로 하여금 결정하도록 하라."

조성복이 한 말에는 왕세제의 대리청정을 명확하게 언급한 내용이 없었다. 속으로야 어떻든 외형상으로는 세제가 왕을 모시고 정치에 참여하는 정도였다. 그러나 조성복은 상소 말미에서 "엎드려 원하건대 전하께서는 성의聖意를 깊이 두시고, 우러러 자전의 뜻을 받아들여 진퇴進退를 하소서"라고 했다. 말인즉슨 왕, 당신은 대비의 뜻을 받들어 일에 따라 나오거나 뒤로 물러나는 식으로 국정을 이끌어가라는 것이다. 이렇게 되면 실권은 대비에게 주어지고 왕인 윤은 그녀가 시키는 대로 하는 꼴이 된다. 신하가 감히 왕에게 할 수 없는 말을 한 것이고, 윤을 허수아비로 만들려는 수작이라고밖에 볼 수 없는 일이다.

윤이 금에게 아주 대리청정을 시키도록 명한 것은 노론 측의 이러한 속셈이 그대로 들어맞도록 한 셈이 되었다. 평소 왕위에서 물러나고 싶던 차라 이것저것 문제 삼지 않고 그대로 받아들인 것일 수 있다. 어떻든 정상적인 왕의 입장에서라면 도저히 하기 어려운 결정을 윤은 한 것이다. 왕으로서는 사심 없이 내린 결정일 수 있지만 양식 있는 신하들이라면 가만히 있을 수 없는 일이다. 마침내 신하들의 반대 상소가 이어진 것은 자연스러운 일이었다. 승지인 이기익·남도규 등은 왕을 뵙고 대리청정의 명을 거두도록 아뢰었다. 그러나 윤은 번거롭게 하지 말라고 할 뿐 뜻을 바꾸려는 태도를 보이지 않았다. 거듭 아뢰어도 같은 말을 할 뿐이었다. 이기익 등은 이 자리에서 세제의 역할에 대하여도 왕에게 아뢰었다.

"신들이 동궁東宮(세자, 여기서는 세제를 가리킴)에게 바라는 것은 단지 돈독하게 효도와 우애를 다하면서 부지런히 학문을 연구하는 데 있을 뿐이옵니다."

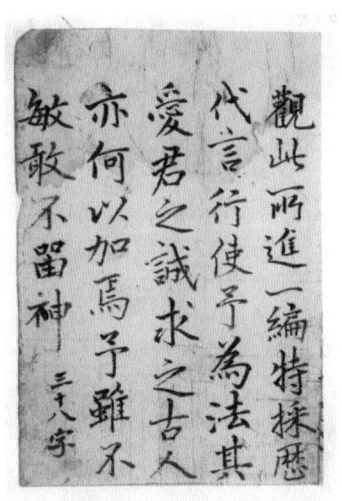

임금이 명령을 적어서 승지에게 전하던 문서. 경종은 평소 말하기가 어려워 비망기를 통해 중요한 결정을 대소 신료들에게 전하곤 했다. 이날 대리청정 명령도 비망기에 실렸다. 사진은 선조 임금이 개인적 소회를 담은 비망기다.

요컨대 세제의 대리청정은 있을 수 없다는 취지의 말이다. 대리를 반대하기는 노론 측의 일부도 마찬가지였다. 누가 보나 도리에 어긋나는 점이 있었으므로 이런 사태가 발생했다. 노론과 금에 대하여 반감을 품은 궁궐 안의 사람들도 입장은 다르지 않았다. 그리하여

'연잉군은 왕실에 이롭지 못한 사람'

이라는 말을 하고 다녔다. 금을 좋지 않게 보고 그의 대리청정

을 바라지 않는다는 의미였다. 서울의 도성 안에도 이때쯤 각종 유언비어가 떠돌아다녔다. 윤이 금에게 왕위를 내어주고 강화도로 간다는 헛소문도 돌면서 탄식의 말들이 무성했다.

"도대체 우리 임금님이 무슨 죄가 있어 (강화도의) 교동으로 가셔야 한단 말이냐."

도성 안의 사람들은 노론의 압력을 받아 왕이 추방되는 것처럼 느끼고 있었던 듯싶다. 시중의 여론도 대리를 바람직한 것으로 받아들이지 않는 분위기였다. 그러나 김창집 등 노론 대신들은 세제의 대리청정을 반대하는 움직임에 참여하지 않았다. 금이 대리청정을 하게 되는 일은 그야말로 노론의 대신들이 바라는 바였다. 조성복을 앞세워 청해놓고도 조마조마한 마음을 가지고 사태의 추이를 지켜보던 그들이다. 의외로 잘 풀려가는 셈인데, 그에 대한 반대라니! 그들로서는 세제의 대리청정 반대는 겉으로라도 전혀 하고 싶지 않은 일이었다. 예상 밖의 결과에 만족하며 그대로 일을 밀고 나갈 참이었다.

그들이 서둘러 세제의 대리를 청하게 된 데에는 나름대로 절박한 이유가 있었다. 환관 장세상을 통해 알게 된 바에 따르면, 소론의 강경파인 김일경 등이 왕의 총애를 받는 또다른 환관 박상검과 아주 긴밀한 관계에 있다는 것이었다. 박상검은 왕이 시키는 대로 글을 짓거나 왕의 명을 전하는 일을 도맡다시피 하고 있다. 그렇다면 김일경과 박상검이 왕을 움직여 노론을 일망타진하는 일을 할 가능성도 아주 높다고 보아야 한다. 기사년(1689)과 갑술년(1694)의 환국을 통해 이미 죽고 죽이는 원한관계를 맺어온 노론과 소론 아닌가. 얽어매려면 꼬투리는 얼마든지 찾아내거나 만들어낼 수 있다. 그렇게 되면 무슨 처벌이 자신들에게 내려질지 알 수 없는 일이다.

노론의 대신들로서는 긴급하게 자구책을 강구해야만 하는 상황이었다. 그런 까닭에 조성복을 내세워 대리를 청한 것이고, 이제 실현될 단계에 이르렀다. 세제의 대리가 이루어진다면 왕 독단에 의한 어떤 조치에도 제동을 걸 수 있으리라. 실제로는 자신들의 생각대로 정국을 요리해갈 수 있으리라는 기대도 했을 것이다.

그러나 사태는 좌참찬 최석항이 왕에게 대리청정의 명을 거두도록 간절하게 호소하면서 원점으로 돌아간다. 최석항의 간청도 앞에 나온 이기익 등이 한 말과 다름이 없었지만 효과는 더 컸다. 지위가 그들보다 높은 데다 태도가 아주 강경한 까닭에 왕의 의사를 바꿀 수 있었던 것이다. 대리청정을 번복한 내용을 담은 『경종실록』원년 10월 11일(무진)의 기록은 윤의 발언을 이렇게 전하고 있다.

"중신이 누누이 진달하니 그에 의거해서 시행하라."

자신은 세제인 금에게 대리청정을 시키고 싶다. 그러나 중신인 최석항이 이토록 반대하니

'할 수 없다.'

없던 일로 하라는 말인 것이다. 이러한 윤의 말은 최석항의 간청에 못 이겨 한다는 뜻이어서 언제든 대리청정을 다시 명할 여지가 없지 않았다.

두번째 명령, 점점 고조되는 긴장

윤은 과연 그런 예측에 어긋나지 않는 조치를 이틀 후에 내린다. 현직에서 물러난 2품 이상의 대신들까지 소집하여 다시금 세제가 대리청정을 하도록 명을 내린 것이다. 그로서는 2선으로 물러나 쉬고 싶었던 게 분명해 보인다. 지시는 비망기를 내려서 했는데, 요지는 이렇다.

"나의 병근病根은 날로 심해져 나을 기약이 없다. 일찍이 저사儲嗣(세자)를 정한 것은 그에게 대리를 시키고자 함이었는데, 이러한 뜻을 자성慈聖에게 품달한 지도 오래되었다."

이어 10일에 내린 대리청정의 명을 속히 거행하도록 명하면서 오로지 자신은 병만 치료하고 싶다는 뜻을 밝혔다. 정신이 제대로 따라주지 못하는 과중한 업무의 부담에서 벗어나 유유자적하면서 지내고 싶었던 것으로 보인다. 왕으로서의 권력보다 그는 건강을 찾고 싶었을지도 모른다. 그러나 대리를 취소한 것으로 알고 있던 신하들은 당황했고, 떼 지어 상소를 올려 이를 반대했다. 이번에는 김창집 등 노론의 대신들도 속으로야 어떻든 이 대열에 합류하였다. 신하들의 열화 같은 반대의 뜻을 어떻든 대변하지 않을 수 없었던 처지였다. 게다가 왕의 이번 지시가 정말로 변경 불가능한지에 대한 확신도 없었으므로 그들로서는 일단 반대의 대열에 동참한 것이다. 만약 대리의 명이 다시 취소된다고 해보라. 반대에 참여하지 않던 자신들은 역적으로 몰릴 위치에 처하리라. 그들로서는 어떻든 대리 반대의 행동에 나서지 않을 수 없었다. 그러나 윤의 뜻은 확고해 보였다.

"(나의 오래된 병을) 만약 지금 치료하지 않으면 실로 말하기 어려운 근심이 있게 될 것이다. 더구나 대리는 조종조에서도 있던 일인데 왜 이토록까지 반대하는가?"

윤이 여기서 말한 조종조에서의 일이란 이날 신하들이 말한 것처럼 세종 말년에 세자인 문종에게 대리시킨 것을 가리키는 듯싶다. 그러나 이 일은 세종의 중병으로 인해 어쩔 수 없이 내려진 조치이다. 또 윤 자신이 대리했던 숙종 말년의 일도 지금과 비교할 성질은 아니다. 그때도 왕의 시력 감퇴 등 불가피한 이유로 인해 대리가 이루어졌었다. 세자에게 대리를 시키던 세종이나 숙종 모두 나이도 50대여서 30대인 윤의 현재 입장과 비교할 수 있는 것이 아니다. 윤이 말하는 병도, 진심으로 그의 조치를 반대하는 신하들이 보기에는 실권을 놓아야 할 정도가 아니었다.

그러나 윤은 자신의 주장을 굽히지 않았다. 병이 내장을 손상시킬 정도가 된 데다 정신도 가끔 아득하다고 하면서 이런 말을 한다.

"지금 국본國本(세자)은 이미 정해진 데다 나의 화열火熱(마음속에서 일어나는 화기火氣)은 도저히 치료할 수 없는 지경이어서 강제로 일을 한다면 반드시 후회가 있을 수 있다. 그렇다고 오로지 병의 조섭에만 힘쓴다면 공무 수행에 방해가 될 것이다. 생각이 이에 이르고 보니 세제로 하여금 (국정에 대한) 걱정을 함께 나누도록 하는 방법 외에 다른 길이 없다. 이것은 내 일신만을 생각해서가 아니요, 국가를 위해서이기도 하다. 경 등은 나를 애중愛重히 여겨 생각을 바꾸어주기 바란다."

이 말대로라면 윤은 대리를 통한 금과의 권력 분점을 생각한 것처럼 보인다. 자신은 건강에 해가 되지 않는 범위에서 일정한 정무를 여전히 관장한다. 아마 중요 사안에 대한 왕으로서의 권한 행사를 염두에 두고 있었던 게 아닐까 싶다. 그리고 나머지의 일은 세제인 금에게 맡겨 자신의 부담을 덜어볼 생각이었던 것 같다. 신하들의 반대가 심하자 완전 대리에서 한걸음 물러서고자 한 듯싶다.

윤의 말은 진심으로 여겨진다. 그러나 신하들로서는 그것도 쉽게 받아들일 수 있는 사안이 아니다. 특히 세제인 금의 입장에서는 더욱 그럴 수밖에 없다. 지난 10일에 대리청정의 명이 처음 내려졌을 때 금은 이를 전해 듣고 이미 반대의 뜻을 밝혔었다. 울면서 세자궁의 신료들에게 도저히 받들 수 없다는 뜻을 내비쳤다.

'나는 그저 왕자로서의 본분을 지키며 편안히 살고자 했을 따름이다. 그런데 선왕의 혈맥으로는 전하와 나뿐이라 할 수 없이 시키는

대로 세자가 되었다. 그런데 어찌 대리청정까지 할 수 있단 말이냐, 죽더라도 이 명을 받들 수 없다.'

이런 말과 함께 대리의 명을 환수하도록 상소를 올릴 생각을 했었다. 형왕兄王이 있는데 자신이 대리로 나선다는 것은 도리에 맞지 않는다. 그것이 가져올 위험성도 충분히 예견된다. 경거망동을 했다가는 얼마든지 정쟁의 희생물이 될 수 있다. 형 윤은 순수한 마음으로 대리를 원하는 것일 수 있지만 사정은 간단치 않다. 이에 상소까지 올리려던 참이었는데, 최석항 등의 반대로 윤이 대리의 명을 취소함으로써 그는 비로소 마음을 놓을 수가 있었다. 다행이다 싶었는데, 이틀 만에 다시 같은 명이 비망기로 내려졌으니 금은 괴로웠다. 정말 '죽더라도 이 명을 받들 수 없다'는 심정으로 간절한 상소를 올린다.

"막중하고도 막대한 일을 신처럼 불초한 자에게 맡기려고 하시는데, 신은 이미 학문에 어둡고 지식이 없는지라 어찌 감히 만에 하나라도 잘 이어받아 하기를 바랄 수 있겠습니까? 전하께서 내리신 오늘의 교지는 비록 노고를 대신하게 하려는 데서 나온 것이나, 도리어 성상의 뜻에 근심만 더하는 것이 되지 않을까 두렵습니다. 이에 감히 죽음을 무릅쓰고 피눈물을 흘리며 인의仁義의 하늘에 애원하면서, 엎드려 비옵니다. 위로 나라를 생각하시고 아래로 뭇 백성들의 충정을 따르시어 한시 바삐 명하신 바를 거두시면 천만다행이겠나이다."

신하이자 아우로서 진심에서 우러나오는 금의 말에 대하여 왕이자 형인 윤도 다시금 자신의 생각을 되돌아보았을 것이다. 그러나 결과에서는 달라진 것 없이 간곡한 당부의 말을 글로 써서 내리고 있을 뿐이다.

"나의 병이 깊은 것은 너도 전부터 이미 잘 알 것이다. 참으로 그냥 사양하는 뜻에서 한 말이 아니다. 지금 국사는 불안정하여 어려움과 근심이 가득한 때에 나의 고질병으로 인하여 국가의 중대한 일들이 적체되고 있으니 어찌 두렵지 않겠느냐. 이에 부득이 너에게 대리의 명을 내리는 것이거니와 이미 조종조에서도 (대리를 했던) 고사가 있는데, 너는 어찌하여 사양만 하느냐. 오호! 부탁하는 것이 지극히 무거운 데다 크기도 하니 주야로 두려워하고 공경, 신중히 하여 잘 조처해서 받들어야 한다. 공연히 거듭 사양하지 말 것이며 그렇게 함으로써 온 나라의 신민들이 바라는 바에 부응토록 하여라."

이러한 하교를 승지가 가져왔지만, 물론 금으로서는 그대로 받아들일 수 없었다. 윤도 자신의 뜻을 굽히지 않아 형제간에는 선의의 다툼이 당분간 계속된다. 권력이란 험악하고 살벌한 일을 만들어내기가 십상이다. 형제간은 물론 부자간에도 때로 살인까지 일어나게 만드는 것이 권력이다. 권력을 준 자가 그것을 받은 자로부터 엄청난 핍박을 당하는 경우도 예삿일이다. 권력이란 그 때문에 함부로 주고

받을 수 없는 것이다. 당사자들의 진심과 상관없이 주위 사람들에 의해 얼마든지 권력은 피를 만들어낼 수도 있다. 이때도 윤의 권력을 약화시키거나 빼앗으려는 노론 측과 이를 저지하려는 소론, 특히 강경파들의 불꽃 튀는 암투가 있었던 것도 사실이다. 그러나 형제들의 행동에만 주목해보면 권력의 비정함은 어디론가 사라지고, 두 사람이 이 일로 인해 나누어 가진 여러 종류의 감정의 무늬가 읽힌다.

윤과 금은 권력을 두고 서로 사양하는 모습을 보이고 있다. 이것을 한 사람은 나눠주려 하고 다른 한 사람은 그것을 부담스러워하는 '권력'의 문제로만 볼 수는 없을 듯하다. 거기엔 서로에 대한 '믿음'이 존재한다는 게 어렴풋하지만 확실한 존재감으로 다가온다. 우애로 한통쳐진 신뢰와 겸손함이 각자에게 없다면 상상하기도 어려운 일이다.

왕세제가 "(대리의 명이 있은 후) 차라리 벽을 따라 방황하면서 돌다가 그 벽에 머리를 박아 자진하고 싶은 마음"이라며 괴로운 심사를 털어놓자 이를 보다 못한 판중추부사 김우항이 대리의 명을 환수토록 왕을 다시 설득했다. 그래도 윤은 자신의 병 때문에 불가피하다면서 이런 말도 한다.

> "형제간의 우애로 고통을 나누는 것은 아름다운 일이니, (대리의 일을 두고) 서로 다투는 일을 조금도 없게 해야 할 것이며 경들은 (이 일에 대하여) 지나치게 심려하지 말라."

윤은 국가 차원에서 논의되고 있는 대리의 문제를 형제간에 서로 도움을 주는 방향에서 응당 할 수 있는 일로 말하고 있다. 아름답다는 말 또한 하고 있다. 윤은 금의 도움이 간절히 필요했던 것인지도 모른다. 왜냐하면 금을 완벽히 신뢰하고 있었기 때문이다. 게다가 멀리 둬서 자꾸 노론 세력에게 시달리게 하느니 가까이 두는 것이 당파로 갈라진 현 국정 운영을 보합하는 데 도움이 될 것이라고 생각했을 수도 있다. 물론 동생이 쉽게 받아들일 수 없는 문제임을 그가 모르는 바는 아니다. 그래서 윤은 거듭되는 상소를 물리치고 계속 기다려주고 있는 것이다.

금은 답답하고 괴롭다. 계속 사양의 글을 올려도 받아들여지지 않으니 궁을 벗어나 어디 먼 데로 훌쩍 가버리고 싶다. 그러나 그마저 뜻대로 할 수 있는 것은 아니다. 국법질서의 한 축인 세자로서 그런 무책임한 행동을 보일 수는 없다. 그것은 신민들에 대한 직무유기에 해당된다.

신하들의 마음도 편할 리 없다. 왕에게는 마음을 돌리도록, 세제에게는 너무 부담을 가지지 말도록 설유하느라 그들도 정신이 없을 지경이었다. 그들은 정치적인 이득을 따져야 했고 줄을 어떻게 서야 할지 갈피를 잡을 수가 없었다. 권력을 주겠다는 형도 완강하고 그것을 받아들일 수 없다는 아우도 완강하다. 겉으로는 왕을 설득해 대리의 명을 거두도록 하는 데 전심했지만, 진력을 다하여 사양하는 금에게 가서 더 강하게 사양하라고 부추길 수는 없는 일이었다. 혹시 나중에 왕세제가 대리할 수도 있으리라는 상황을 염두에 두고 어려운 시기를 잘 견뎌내고 상처를 받지 않도록 위로하며 북돋워주는 역할을 역시 해내야 했다. 외형상 거기에는 노소론의 차이도 없었다.

전국적으로 번진 소청, "대리의 명을 환수하소서"

대권을 놓고 '받아라, 못 합니다' 하는 식의 설왕설래는 이후로도 계속된다. 금이 전과 유사한 취지의 말로 대리의 명을 거두도록 청했을 때 윤도 전과 다를 게 없는 취지의 답변을 반복하고 있을 따름이다. 유교가 지시하는 일정한 사유의 틀 속에서 계속 맴돌고 있는 양상이다.

> "형제간에는 깊이 생각해서 고민을 나누고, 고통을 나누어 가지는 의리가 있는 것이니, 병으로 인해 몸을 보양코자 하는 것은 내가 바라는 바이다. 더구나 나의 뜻은 이미 굳어졌으니 하루에 열 번이나 글을 올리더라도 이를 들을 리가 만무하다. 그러니 번다하게 다시 진달하지 말라."

윤의 이러한 뜻은 이날 2품 이상의 관원들이 재차 대리의 명을 환수하도록 청해도 변함이 없었다. 은근히 세제의 대리청정을 바라면서도 외형상 왕을 만류하던 김창집 등이 모든 관원을 이끌고 아뢰었을 때도 달라지지 않았다.

"나의 병이 조금 나으면 복귀하여 친히 서정庶政을 할 수도 있으니, (대리는) 어려울 것이 없다."

대리는 자신의 병세에 따라 단기적으로 끝날 수도 있으니 공연히 번거롭게 하지 말라는 뜻이다. 대리는 병에 따른 일시적 권한 이양임을 밝히고 있는 것이다. 윤은 앞서부터 이미 자신을 병자로 자인하고 있다. 그러나 누가 그것을 확실하게 감히 그렇다고 판정을 내릴 수 있겠는가. 그가 말하는 병이란 이렇게도 저렇게도 볼 수 있는 모호한 상태이다. 국정을 아주 수행할 수 없는 정도도 아니다. 정말로 심신의 건강상의 문제로 왕위에 있을 수 없다면 그것은 별개의 문제이다. 그런 경우라면 1858년에 정권을 포기한 프러시아의 프레데릭 4세나 루드비히 2세의 동생인 바이에른 왕 오토처럼 정치에서 손을 떼도록 되어야 한다. 이들은 심각한 건강상의 문제로 권력의 자리에 있을 수 없었기에 이런 조치가 취해졌다.

그러나 누가 보더라도 윤은 그러한 상태로 보기 어렵다. 고질화된 실어증도 항상 심한 것은 아니다. 덜할 때도 있고, 어떤 때는 정상적으로 의사 표시도 가능하다. 그럴 때면 그는 누구 못지않게 비교적 긴 내용의 말도 할 수 있다. 그렇다면 비록 단기간이라도 함부로 대리를 인정할 수 있는 바는 아니다. 대리란 어떤 범위의 것이라도 왕권에 대한 제약이니 말이다. 신하들이 세제의 입장도 생각해줄 것을 왕에게 촉구한 일은 별수 없는 그들의 선택이었다.

"우리 춘궁春宮(세자)께서는 지난번 내리신 비망기를 보고, 궁료들을 인접하시고는 흐느껴 우셨습니다."

전하께서는 형제간의 의리로 마땅히 대리가 있어야 한다고 말씀하시나 그것은 오히려 세제의 마음을 슬프게 하고 있다는 말이다. 결국 대리의 명을 거두라는 요청이지만 윤의 태도에는 변함이 없다. 이튿날은 우의정 조태구가 상소하여 또 이와 관련된 말을 한다.

"성상께서는 비록 형제간에 고민과 고통을 나눈다고 하여 우애의 지극한 정으로 교지를 내리셨으나, 한때의 질환이 가볍게 만 가지 기무機務를 포기하는 단서가 될 수는 없습니다."

왕의 중대한 임무는 병이 있다고 해서 쉽게 그만둘 수 있는 성질이 아니다. 형제간에 고민과 고통을 나눈다는 사적 우애도 물론 중요하다. 그렇지만 대권의 담당자는 그것을 이유로 권력의 공공성을 포기해서도 안 된다는 취지의 말을 하고 있다.

조태구는 여기서 윤의 병을 인정하면서도 그것을 일시적인 것으로 여길 따름이다. 국정 수행을 포기할 정도는 아니라고 본다. 아마

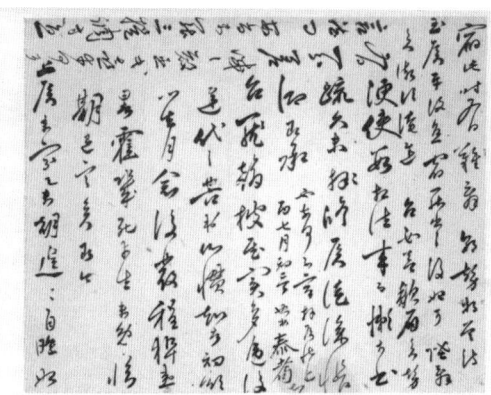

초서체로 쓰여진
조태구의 서간.

도 윤 자신이 생각하는 것과는 거리가 있는 말일 텐데, 그래서인지 그의 태도에 달라지는 것은 없었다. 그러자 대리의 명을 환수하라는 소청은 이제 전국적인 규모로 벌어진다. 전현직의 관리들이 수십 명씩 무리를 지어 상소를 올렸고, 전국의 생원이며 성균관의 유생들까지 수백 명씩 글을 올리기도 했다.

이런 가운데 사직司直인 권규 등 30인이 올린 상소는 묘한 여운을 담고 있다. 그들은 우선 전하께서는 어찌하여 대리를 시키겠다는 명을 내리셨느냐고 한탄하는 말로 시작한다. 그리고 나서 세제인들 이러한 조치를 과연 편안한 마음으로 받아들일 수 있겠느냐고 물은 다음 이러한 말도 한다.

"일개 적신의 말 한마디로 차마 들을 수 없는 교지를 내리셨으니, 이

국정의 대리 문제

것이 어찌 뭇 신하들이 전하에게 바라는 것이겠습니까? 비록 병이 있다고 말씀하시나 전하에게 병이 없음은 신민들이 모두 알고 있습니다. 전하께서는 (대리가) 나의 본의에서 나온 것이라고 하시나 결단코 전하의 본의는 아닙니다."

그러면서 애초에 대리의 문제를 거론한 조성복의 머리를 베도록 청했다. 소론 입장에서 이 문제를 반론한 노론 측을 은근히 겨냥하고 나온 말이었다. '전하의 본의'에서 나온 것이 아니라고 했으니 그렇다면 왕이 외부의 강압에 의해서 했다는 말인가? 노론을 겨냥하는 그들의 말에서 벌써 전투의식이 강하게 번득인다. 일전불사의 의지를 내보이고 있는 것이다. 노론 측에서도 가만있을 수는 없게 되었다. 전하의 본의로 대리의 명이 내려진 것이 아니라고 한 말은 충분히 논란의 소지를 불러일으킬 수 있었다. 승정원과 삼사에서 권규 등의 상소를 문제 삼았고, 그 의도가 세제를 핍박하기 위한 것이 아니냐는 반론도 제기되었다. 즉, 대리의 명이 내리도록 세제가 뒤에서 공작을 한 것으로 보는 게 아니냐, 그렇게 해서 세제에게 어떤 정치적 박해를 가하려는 게 아니냐 하는 말이다.

영의정 김창집, 드디어 걸려들다

윤과 금 사이에서 노소론의 입지가 어느 쪽에 있는가를 이제는 확실하게 나타내는 셈이 되었다. 왕과 세제 모두 중요한 존재이다. 그렇다면 만약 세제에 대한 핍박을 할 경우 그 죄는 엄청난 것이다. 상소에 세제를 핍박한다고 볼 수 있는 내용은 명시적으로 나타나 있지 않다. 그러나 말과 행동은 듣고 보기에 따라 얼마든지 달리 해석될 수 있다. 세제 편을 드는 노론 측의 입장에서는 권규 등의 상소가 세제를 핍박하는 것으로 보였을 수도 있다. 그렇지 않더라도 그들은 작전상 의도적으로 말을 그렇게 몰아갔을 수 있다. 공격은 최선의 방어가 아닌가.

그렇다면 노소론으로 양립된 신하들의 입장이 대리 문제를 두고 어떤 결과를 만들어낼지는 이미 예측할 수 있는 일이다. 대신들을 비롯한 다수의 신하와 금의 거듭된 환수 요청에도 왕의 뜻에 변화가 없자 노론은 이제 본색을 드러낸다. 영의정 김창집을 위시한 일단의 노론 측이 마침내 대리를 기정사실화하는 쪽으로 논의를 잡아가기 시작한 것이다. 17일에 그들은 연명聯名으로 차자를 올렸다. 대리는 신하로서 도저히 받들 수 없는 명령이나 더이상 전하의 마음을 상하게 하는 것도 도리가 아니다. 그러므로 이제는 대리를 하는 쪽으로 일을 진행시키자는 것이었다.

"엎드려 바라건대 성상의 밝으심으로 곧 관원에게 명을 내리시어 (숙종께서 전하에게 대리를 맡기던) 정유년(1717)의 절차와 세목에 따라 받들어 거행토록 하소서."

이제 사태는 어쩔 수 없이 노론의 의도대로 가게 되었다. 사리로 보나 자파의 이익으로 보나 이를 받아들일 수 없다고 보는 소론 측에는 비상이 걸렸다. 좌참찬 최석항이 사태를 돌이키고자 상소하였으나 승정원에 있는 노론의 홍계적은 왕에게 이를 올리려 하지 않는다. 소론으로서는 일촉즉발의 위기를 느꼈다. 어디로 보아도 대리는 도저히 있을 수 없다는 것이 그들의 생각이었다. 시간이 없으니 비상책을 강구해야만 했다. 원칙을 따지며 지체할 때가 아닌 것이다.

윤은 이때 창경궁에 있었다. 소론의 영수격인 우의정 조태구는 바삐 서둘렀다. 이내 창경궁의 선인문을 통해 들어와 면대를 청하였다. 왕을 만나려면 창덕궁을 거쳐 창경궁으로 가야 했으나 시간이 없다. 건강도 좋지 않았으므로 길을 단축하려는 생각에서 이러한 절차를 취하게 된 것이다. 같은 소론에 속하는 이광좌 등도 이때 창덕궁의 금호문을 통해 들어와 왕에게 면대를 요청하였다.

갑자기 들이닥친 이들 앞에 노론 측의 승지들은 속수무책이었다. 왕이 이들과 만나는 일을 저지할 어떤 이유도 찾을 수 없었던 것이다. 이윽고 왕을 뵙게 되자 조태구는 눈물을 철철 흘리며 속에 담았던 말을 거침없이 토해낸다.

"국가는 전하의 국가가 아니고 조종으로부터 이어내려온 국가이거니와 영고寧考(선왕인 숙종)께서 전하에게 부탁한 것이 어떠하고, 신인臣人

이 전하를 믿고 의탁한 것은 또 어떠합니까? 대보大寶(왕)의 지위는 인군 한 개인의 사사로운 지위가 아닙니다. 앞 시대의 역사를 보아도 인주가 단지 한 몸의 개인적 사정을 따라 경솔하게 쉽게 행동한 것이, 전하가 오늘날 하신 것과 같은 일은 없었습니다."

이어 그는 만일 대리의 명을 환수한다는 답을 듣지 못하면 자신에게는 오직 죽음이 있을 뿐이라고 하였다. 왕 앞에서 자결을 하겠다는 말이었다. 같은 자리에 있던 이광좌도 유사한 취지로 왕의 결정이 잘못되었음을 강력하게 아뢰자 윤의 마음은 흔들리기 시작했다. 이 자리에는 김창집 등 노론의 대신들도 뒤따라 들어와 있었다. 그들은 대리의 구체적인 절차를 논의하고 있다가 조태구가 왕을 면대하게 되었다는 사실을 알고는 놀라서 달려온 터였다. 만약 왕이 조태구의 말에 따라 대리를 취소하게 된다면 자신들에게는 처벌이 내려질 수 있다. 연명을 올려 대리청정을 받아들이도록 한 죄과를 묻는다면 큰일이다. 그들이 한걸음에 달려와 왕과 조태구의 면담 자리에 황급하게 나타난 이유였다.

김창집 등은 불안할 수밖에 없었다. 조태구의 말이 있기 전에 기다랗게 변명을 늘어놓은 것도 그 때문이었다. 힘써 간해도 전하의 뜻이 워낙 굳어 도저히 돌이킬 가망이 없어 할 수 없이 대리의 명을 받들게 되었다고 하였다. 그러면서 힘써 간하지 못한 자신들의 죄로 말하면 만 번 죽어도 아까울 것이 없다는 말도 덧붙였다. 어떻게 하

조태구가 급한 마음에 창덕궁을 통하지 않고 들어와 왕을 인견한 창경궁 홍화문弘化門 우측의 협문인 선인문. 사진은 일제강점기 때 목책을 가로질러 폐문시켰던 모습을 보여준다. 선인문은 영조 때에 사도세자를 뒤주에 가두어 그 안뜰에 8일 동안 방치케 함으로써 굶어 죽게 만든 변고의 역사를 지닌 문이기도 하다.

든 금에게 대리를 시키고 싶은 것이 윤의 뜻이었을 것으로 짐작된다. 하지만 조태구 등 신하들의 완강한 반대에 부딪히면서 그의 결심은 무너지고 있었다. 여기에다 김창집이 하는 말도 더욱 그의 마음을 흔들어놓았다.

"(세제에게 대리를 시키겠다던) 전후의 비망기를 속히 모두 환수하셔야 온 나라의 흔들리던 민심을 진정시킬 수 있을 것이옵니다."

눈치 빠른 김창집의 이 한마디로 일은 마무리되었다.

"그렇게 하라"는 윤의 짤막한 답이 곧 나왔기 때문이다. 이로써 외형상 사태는 가라앉았다. 그러나 살벌한 정치적 파쟁을 불러올 불씨마저 사라진 것은 아니었다.

윤의 정치적 승부수로서의 '대리청정'

앞서 경종 즉위 후 벌어진 대리청정 문제를 권력의 시각에서 벗어나 형제의 우애에 초점을 맞춰 살펴보았다. 그것은 권력 다툼이 난무하던 현실 속에서 피어난 것이기에 더욱 아름다웠다. 하지만 형제 간의 우애가 사태를 이끌어간 유일한 동력이라고 주장하는 것은 아니다. 모든 사건에는 여러 가지 힘이 복합적으로 작용한다. 조선 왕실을 통째로 뒤흔든 이 사건 또한 복합적인 힘의 역학관계 속에서 발생한 측면이 분명 존재한다. 그런 점에서 형제의 우애와는 전혀 다른 시각에서 이 사건을 조명해볼 필요도 있을 것이다.

윤과 금이 대리 문제를 놓고 보여준 그동안의 과정은 과연 정치적으로 볼 때 소모적인 논쟁으로만 그친 것일까? 겉으로만 본다면 대리청정의 명령이 내려왔다가 다시 거두어졌으니 일이 진척된 바는 없다. 그렇다고 아무것도 바뀌지 않은 것은 아니다. 이 일로 노론은 정치적으로 심대한 타격을 입게 되었다고 할 수 있다.

노론의 손에서 '명분'을 빼앗다

정치는 곧 명분이다. 왕세제의 정치 참여를 요구할 때까지만 해도 노론은 외형상 자기들 나름의 명분을 내세울 수 있었다. 왕의 업무가 과중하니 옥체의 보전을 심각하게 우려해 짐을 덜어드리자는 식으로 해서 이 사안을 거론할 여지가 없지 않았던 것이다. 군신관계에 비춰본다면 거기에 문제가 없진 않다. 그렇지만 윤의 정사 처리 속도나 열의, 그로 인한 국사의 지체를 생각할 때 사안 자체는 전혀 제기하지 못할 일이 아니었다. 실제로 국사의 지체를 두고 노론 내에서는 참으로 깊은 걱정을 했던 것도 사실이다. 물론 왕세제 책립부터 참정 요구까지 걸린 시간은 너무나 짧았다. 하지만 기간의 길고 짧음은 지엽적인 문제일 뿐 본질적인 무게가 있는 것은 아니다. 왕세제의 나이가 어리지도 않고 정치에 투입만 되면 곧바로 실질적인 보조 역할을 충분히 할 수 있었다는 점도 문제를 제기하기에 좋은 여건으로 작용했다. 그렇다 해도 조성복과 그의 배후 세력인 노론은 왕이 자신들의 요구를 곧바로 받아줄 것이라고 생각하지는 않았을 듯하다. 자기들 나름의 판단과 명분에도 불구하고 신하로서 내세우기 어려운 이 요구가 쉽게 통과되리라고는 누구도 낙관할 수 없는 것이므로.

그렇다면 각본을 짜는 노론의 입장에서 생각해보자. 만약 왕이 받아들이지 않으면 며칠 있다가 똑같은 문제로 또 상소를 올릴 것인가? 전혀 그럴 만한 여건은 못 되었다. 그다음 날이면 소론 측에서 조성복을 처벌하라는 상소문이 빗발칠 것은 명약관화한 사실이었다. 이렇게 되면 쟁점이 바뀐다. 쇠뿔을 단김에 빼야 한다면 자신들의 뜻을 한 번에 관철시킬 만한 강력한 장치가 소장에 삽입되어야 할 것이었다. 그런 이유로 들어간 문구가 바로 다음과 같다.

"엎드려 원하건대 전하께서는 성의聖意를 깊이 두시고, 우러러 자전의 뜻을 받아들여 진퇴하소서."

앞에서도 설명했듯이 이 말은 신하로서 할 말이 아니었다. 일종의 협박이라고 봐야 한다.

'사실 저희가 원하는 바는 주상이 뒤로 물러나 있는 것입니다. 몸도 편찮으신데 굳이 무리하여 정사를 보실 것 없이 실무는 아우 연잉군에게 맡기시고 주상은 대비마마와 함께 의논하여 국가적으로 큰일만 결정하시면 그것으로 족하지 않겠습니까.'

대충 이런 의미다. 가능성은 거의 없지만 지난번 세자 책립 때 그랬듯 이번에도 대비전과 모종의 합의가 있었을는지는 모르겠다. 그렇다면 세제의 참정은 주상의 건강을 염려하는 어머니의 간절한 뜻이므로 아들로서 따라주심이 도리라고 얘기하는 것일 수도 있다.

겉으로는 공손하게 왕의 건강을 걱정하고 세제의 정치 경험 운운했지만, 속으로는 노골적으로 왕을 능멸하는 언사임은 물론이다. 윤을 자극해 폭발시킬 수도 있는 무엄함이었지만, 대비를 엮어 넣음으로써 그럴 가능성마저도 차단한, 나름대로 용의주도하게 짜인 문장이라 볼 수 있다. 윤의 입장에서 여기에 어떻게 대응하는가는 왕권의 향배를 결정하는 중대한 문제였다. 윤은 부왕 숙종의 살아생전에 자신이 세자로서 대리청정을 했었을 때처럼 등줄기에 식은땀이 흘렀을지도 모른다. 모두의 시선이 자신의 입을 훔쳐보고 있다는 것을 따갑게 느꼈을 법하다.

국면 전환의 묘, 윤의 정치적 수완 발휘

이때 전혀 뜻밖의 사태가 벌어졌다. 곧바로 대답하기 어려운 안건이 올라오면 대개의 경우 왕은 신하들에게 다른 의견을 구하는 것이 순서다. '영상은 이 문제를 어떻게 보시오?' 라든지 '뜻은 알겠으나 지금 결정할 문제가 아니므로 생각해보겠다' 며 일단 그 순간을 피하는 것이 관행이자 정석이다. 더구나 이 문제는 자신의 권력과 관련된 것이니 벌컥 화를 내면서 조성복을 엄벌에 처할 수도 있는 일이다. 그런데 윤은 예상 밖의 반응을 보였다. 조성복의 말이 끝나기가 무섭게

"진달한 바가 좋으니 유의하지 않을 수 있겠는가?"

라며 적극적으로 수용하는 태도를 보인 것이다. 세제의 참정이야말로 내가 미처 생각지 못했던 국정 운영의 돌파구라는 식의 맞장구였다. 이는 노론이고 소론이고를 떠나 누구도 예상하지 못했던 답변이었다. 평소 격무에서 물러나고 싶었던 마음이 있었거나 노론의 동태를 미리 알았던 게 아니라면 나오기 어려운 반응이다. 후자라면 그에 따른 일련의 구상도 있었음 직하다.

밤이 되자 윤은 비망기를 통해 대리청정의 명을 내려 2선 후퇴 의사를 분명히 했다. 낮에 많은 신하들 앞에서는 하지 못했던 말을 매끈하게 다듬어진 문장으로 하고 있는데, 그 육성을 다시 한번 들어보자.

> "세제는 젊고 영명하므로, 만약 청정하게 하면 나랏일을 의탁할 수 있고 내가 마음을 편히 하여 조양할 수가 있을 것이니, 대소의 국사를 모두 세제로 하여금 재단裁斷하게 하라."

이것은 그야말로 획기적인 국면 전환이 아닐 수 없다. 만약 윤이 '내일부터 아침 정사를 논할 때 세제가 입궐토록 하라'는 정도로 노론이 짠 각본을 수용했다면 어떻게 됐을까? 왕의 말은 곧 법이다시피 하므로 누구라도 이것을 왈가왈부하기는 어려웠을 것이다. 혹시 세제의 참정이 너무 이르다거나 조성복의 어조가 흉패하다는 상소가 있을 법하지만 크게 문제될 사항은 아니다. 전자의 말은 물리치면 그만이고, 조성복이야 귀양을 보내든 파직을 시키든 결국은 왕이 하기에 달린 일이다.

그런데 세제의 참정이 이루어질 경우 그다음부터 윤은 아주 괴로운 처지가 된다. 도대체 언제 나와야 하고 언제 들어가야 하는가? 세제와 어떤 방식으로 정사를 의논하고 결정을 내릴 때는 또 어떤 절차가 필요할 것인가? 무엇이 내가 결정해야 할 중한 일이고 무엇이 세제에게 맡겨도 될 가벼운 일인가? 그것도 노론의 요구대로라면 대비와 의논해야 하는 것이니 난감한 일이 아닐 수 없다. 아마 이러한 의문과 갈등 속에서 윤의 몸은 더욱 약해졌을 법하다. 물론 왕이 자기 뜻대로 결정해버리면 끝나는 일이다. 그러나 당사자인 윤이 실제 그렇지 못하고 보니 이런 점도 생각하게 되는 것이다.

괴로운 점은 금의 입장에서도 마찬가지다. 참정이란 언제든 왕의 명령으로 중단될 수도 있다. 정치판에서는 얼마든지 그럴 가능성이 있고, 그와 관련해 형의 마음이 심각하게 타격을 입을 가능성 또한 없지 않다. 또 그 결과가 고스란히 자신에게 돌아오는 날이면 금의 정치적 생명은 끝날지도 모르는 문제다. 형 옆에 앉아서 국사를 논할지라도 그것은 불편하고 위험하며 조마조마한 자리다. 형제의 우애를 보존하지 못할 가능성이 그럴 가능성보다 훨씬 높아진다. 한번 의가 틀어져서 정치적 경쟁자의 구도가 형성되면 적이 되어 서로를 향해 칼을 겨눠야 하는 상황이 올 수도 있다.

요구받는 입장에서 요구하는 입장으로

그러나 국왕 윤은 노론이 제기한 대로의 선택을 하지 않았다. '참정' 문제를 '대리청정' 문제로 치환한 것이다. '대리'라는 말로도 모자라 "대소의 국사를 모두 재단"하라고까지 명시하고 있다. 그의 의도를 권모술수적인 면에서만 본다면 무서울 정도라고 할 수 있다. 윤은 이것으로 그를 둘러싼 몇 가지 조건을 단번에 역전시켰다. 먼저 그 스스로가 요구를 받는 입장에서 요구를 하는 입장이 되었다. 이것은 매우 중요한 변화다. 문제를 풀 열쇠가 다른 사람의 손에 있는 것과 내 손에 있는 것이 어떻게 같을 수 있겠는가. 대리청정은 왕이 죽을병에 걸려 의식이 혼미하지 않은 이상 조선시대의 상식으로는 도저히 있을 수 없는 일이다. 앞서 보았듯이 왕이 요청해도 신하로서는 따라서는 안 되는 게 대리청정의 문제이다.

노소론을 막론하고 결국 여러 신하가 나서서 반대하는 상소를 올렸고, 전국의 유생들이 연명 상소를 올리는 등 나라 전체의 커다란 이슈가 되었다. '참정'은 밀실 야합의 결과로 제기되었지만, '대리청정'은 공개적인 여론과 토론의 문제가 된 것이다.

'도대체 보필하는 신하들이 어떤 자들이기에 왕이 이러한 결정까지 내려야 했을까.'

일반 백성들 입장에서는 이러한 울분이 일어나기 쉬웠다. 앞서 우리는 정치가 명분이라고 했다. 어떻게 보면 노론은 '참정'이라는 말로 명분을 세웠지만 그 속에는 '대리청정'이라는 뜻을 담았는지도 모른다. 그렇다면 윤의 역할은 그들이 숨겨놓은 말을 바깥으로 드러나게 해준 것에 불과하다. 윤은 손가락 하나 까딱하는 것으로 노론이 마지못해 부여잡고 있던 '정치적 명분'을 그들의 손에서 빼앗아온 것이다.

노론에 대한 윤의 감정을 예사로운 것으로 취급해서는 안 된다. 비록 그들이 신하의 예를 다할지라도 과거의 앙금이 쉽게 가라앉지 않을 만큼 윤은 세자 시절부터 노론의 냉대와 핍박을 받아왔다. 그 이후로도 노론은 세자의 책립 등 여러 과정에서 윤에게 신하로서의 예를 지키지 않았다. 민감하고 예민한 윤이 그 점을 몰랐을 리는 없다. 대리청정의 문제를 정치적으로 해석하게 되는 이유도 여기에 있다.

아무튼 노론은 공세적인 입장에서 수세적인 입장으로 갑자기 변한 현실에 적응해야 했다. 결국 그들은 마지못한 몸짓으로 대리청정을 거두어달라는 청을 해야 했다. 그것도 눈물을 흘리며 부르짖는 소론의 틈에 끼어서 모기만 한 목소리로 하는 식이었다. 어디로 보나 품위가 서지 않는 행동이다. 당당하게 참정을 요구했다가, 그러면 차라리 대리를 시키자는 왕에게 그것만은 있을 수 없는 일이라고 해야 했으니 얼마나 심적인 갈등이 컸을까. 왕의 입에서 대리의 말이 나오도록 빌미를 만든 것은 바로 노론 자신들이었다. 목소리가 크게 나올 수 없었다.

왕의 진심은 무엇 인가, 오락가락하는 노론

무엇보다 노론 측은 왕의 진심을 알 수가 없었는데, 며칠간의 과정을 보면 그럴 만도 하다. 잠깐 대리청정의 비망기가 내려진 그날로 돌아가보자. 조성복의 상소에 대한 비답과 비망기가 뒤를 잇자 승지들은 밤이 늦었음에도 몰려가서 절대 명을 받들 수 없다고 했다. 지금은 대궐 문이 닫혀서 이처럼 조용하지만 날이 밝으면 천지가 놀라서 일제히 다툴 것이니 그때가 되면 인심을 수습하기 어려울 것이라며 거듭 명을 되돌리고자 진땀을 쏟았다. 그러나 윤은 번거롭게 하지 말라고만 했다.

잠시 뒤 소식을 들은 좌참찬 최석항 등이 궁문을 열고 허둥지둥 입궐했다. 곧 최석항의 피를 토하는 듯한 설득이 이어졌다. 그러자 윤이 갑자기 태도를 부드럽게 바꾼다. 처음에는 "마땅히 생각해보겠다"고 했다. 그러다가 최석항이 "이것이 어찌 생각할 문제이옵니까"라고 다시 길게 사설을 잇자 "중신重臣이 누누이 진달하니, 그대로 시행하라"고 대리청정의 명을 거둬들인 것이다.

소론의 거두였던 최석항이 당일 놀라서 달려왔을 정도라면 승정원에 자기 사람들이 포진해 있는 노론 쪽에 이 사실이 알려지지 않았을 리가 없다. 아마 이때 노론의 김창집 등은 그물을 허술하게 짰다가 왕에게 되치기를 당했다는 느낌에 쓸쓸한 입맛을 다셨을 법하다. 이번 판은 졌다는 심정으로 사태를 수습하려 했지만, 다음 날 윤은 다시 대리청정의 명을 내렸다.

　며칠 눈치를 보던 노론 측은 뭔가 이상하게 돌아간다는 사실을 깨닫고는 빨리 사태를 수습하려 했다. 일단 대리 문제를 없었던 일로 돌리려고 한 것이다. 그러나 이것 또한 쉽지 않았다. 윤이 거듭되는 신하들의 상소에도 꿈쩍하지 않았기 때문이다. 급기야 영의정 김창집은 백관을 거느리고 정청庭請하는 상황에 처하게 되었다. 원래 정청이라 함은 세자나 정승의 대표가 백관을 거느리고 궁정에 이르러 큰일을 보고하고 명령을 기다리던 일을 말한다. 때로는 임금이 도저히 받아들일 수 없는 명령을 내렸을 때 이를 거두어주십사 하면서 며칠씩 궁궐에서 밤을 새며 통촉하는 일을 의미하기도 했다. 여기서는 후자에 해당된다. 당시 정청을 아뢰면서 김창집이 낭독한 상소문의 핵심 대목은 이러했다.

"무슨 말씀하기 어려운 근심이 있어서 이와 같이 감히 듣지 못할 하교를 내리십니까? 전하께서는 춘추가 한창이신데 즉위하신 원년에 갑자기 짐을 벗고 한적함을 즐기려 하시니, 신하가 되어 조금이라도 그 명을 받들 생각을 품고서 서로 함께 물러간다면 군신의 대의는 땅을 쓸어버린 듯 없어질 것이며 그 죄는 죽일 만합니다. 어찌하여 이것을 생각하지 않으시고 굳게 고집하고 거절하기를 이처럼 멀고 아득하게 하십니까? 신 등은 비록 달을 넘기고 해를 넘길지라도 청허聽許받지 못하면 물러가지 아니할 것입니다."

아이러니한 장면이다. 앞서 왕세제의 참정을 요구할 때 조성복이 읊은 구절들이 거울에 비친 듯 정확하게 반전되었다. 앞서는 몸이 불편하시니 뒤로 물러나 계시라고 했다가, 지금은 즉위하신 원년에 짐을 벗으시면 안 된다고 하니 누가 봐도 그 말의 모순됨이 조야할 정도다. 게다가 김창집은 "조금이라도 명을 받들 생각을 하면 그 죄는 죽일 만하다"고도 말했다. 대리청정의 명을 받드는 것은 신하이기를 포기한 것과 마찬가지라는 말이다. 이것은 노론에게 가해질 향후의 정치 보복을 예방하기 위한 일종의 자기 변호성 발언이었다. 그러나 이에 대한 윤의 대답은 "이미 내 뜻은 다 말했으니 번거롭게 하지 말라"는 것이었다.

이 과정이 몇 번 반복되었다. 그동안 노론이 대리 반대의 자세를 보여주면서 윤도 처음의 노여움을 어느 정도 풀었을지 모른다. 그러나 여기서 노론은 또 바둑알을 잘못 놓아서 자신들이 걸어갈 길을 막아버렸다. 윤의 진심이 대리 쪽에 있다고 당론을 모은 것이다. 어떻게 해서 노론이 다시 태도를 바꿔 대리 쪽으로 돌아섰을까? 당시 상황은 이러했다.

며칠째 명을 거두라는 정청이 계속되고 있었다. 비슷한 내용의 상소가 왕의 처소로 반입되고 똑같은 어조의 비답이 내려지는 일이 되풀이되었다. 10월 16일에도 삼정승 이하 신하들은 소를 반입하고 답을 기다리는 중이었다. 그런데 이날 윤이 내린 비답은 좀더 간절한 느낌이 있었던 모양이다. 읽기에 따라서는 이제 그림자놀이는 그만

하고 빨리 세제로 하여금 대리청정케 하자는 뜻으로도 받아들일 법했다.

"경 등의 정성은 내가 이미 안다. 나의 병세가 만약 국정을 운영할 정도였으면 어찌하여 이 지경에 이르렀겠는가? 근래에 화증火症이 점점 치밀어올라 깨닫고 살피지 못하며, 하루에도 자주 나타나 장차 좌우정승으로 하여금 전례前例를 상고하여 거행하게 하는 지경에 이르렀으니, 이와 같다면 어찌 나라를 다스릴 수 있겠는가? 이것이 내가 지성으로 하는 말이다. 좌우가 하는 것이 옳겠는가? 세제世弟가 하는 것이 옳겠는가? 경 등은 깊이 생각해보라. 앞서 내린 비망기대로 거행하여 우리 형제가 괴로움과 아픔을 나누어 한편으로는 내 병을 조리하기에 편리하게 하고, 한편으로는 장차 망하려는 나라를 부지하게 하라."

이것이 윤의 답이었다. 밤이 깊어서야 내려진 것이었다. 세제가 못 하면 좌우 정승이라도 국사를 맡아서 돌보아야 할 만큼 내 상태가 좋지 않다는 말로 충분히 해석할 수 있는 말이다. 김창집, 이건명, 이이명, 조태채가 이미 비답을 듣고는 머리를 모아 소곤거린 지 얼마 지나지 않아 2품 이상과 삼사三司를 불러 모았다. 그러고는 정청을 그만둘 것을 선언했다.

"지금 성상의 비답에 '좌우가 하는 것이 옳겠는가? 세제가 하는 것이 옳겠는가?'라는 하교까지 있었다. 이와 같은데 다시 다투는 것이 옳겠는가? 정청은 이제 정지하는 것이 옳다."

그러자 여러 사람이 모두 이에 동의했다. 반면 소론인 좌참찬 최석항과 사직 이광좌 등 몇 사람은 반대했다. 그들은 비록 화기가 치밀어올라 깨닫고 살피지 못한다고 하셨으나, 지금 비지批旨가 이처럼 자세하고 극진하니, 깨닫고 살피지 못하신다고 보기 어렵다고 주장했다. 그러면서 대리청정의 명을 거두게 하는 일은 인신人臣의 당연한 도리로, 해가 바뀔지라도 청을 허락받지 못하면 그만둘 수 없다는 뜻을 분명히 전했다. 또한 김창집 등에 대해서는 "후대에 누가 당신들에게 신하의 절의를 다했다고 하겠는가"라면서 항의했다.

이에 이건명 등은 노여워하면서 이광좌를 꾸짖고 물러가게 하였으나, 이광좌는 더욱 힘써서 그들과 다투었다.

국왕 윤의 첫번째 승리

왕에게 중대한 건강상의 문제가 있기 전까지는 대리청정이 있을 수 없다는 게 당시의 상식이었다. 여기에다 김창집 등이 올린 상소에서 "대리의 명을 받들면 신하이기를 포기한 것"이라고 말한 연장선에서 판단해본다면, 노론 측의 행동은 성급한 것이었다. 그 자리에서 소론 측에게 논박당하고 논리가 궁색해서 화를 낼 정도였으니 말이다.

이 모든 것으로 미루어볼 때 노론은 윤의 진심을 끝까지 파악하지 못했다. 표적이 이동한다고 사냥꾼이 덩달아 위치를 바꾼다면 마음이 조급해지고 결국 성급한 마음에 활을 쏘아서 빗맞게 되기 십상이다. 그러나 초지일관 한 점을 노리고 거기에 표적이 들어오기를 기다린다면 맞출 확률이 높아진다. 왕의 진심을 모를 때는 적어도 초지일관한 자세는 유지해야 하지 않았을까? 자신들이 명분으로 삼는 것이 어떻든 그들은 불순한 의도를 드러낸 셈이었다.

노론이 다시 당론을 바꾸자 이제 소론 측은 목숨을 걸고 나서게 된다. 앞서 소개했듯이 우의정 조태구가 노구를 이끌고 눈물을 흘리며 자결하겠다고 상소했다. 조태구 등이 왕을 대면하러 갔다는 소식을 듣고 급히 뒤따라 들어온 김창집 이하 노론 또한 지난밤의 발언이 매우 경솔했다고 사죄하며 대리의 명을 거둬달라고 재청했다. 이것이 벌써 몇 번째 바뀌는 입장인가? 사태가 여기에 이르자 윤은 드디어 대리청정의 명을 거두게 된다. 노론이 이제 그만 정청을 거두자고 당론을 바꿨던 바로 다음 날이었다.

여기서 이런 가정을 해볼 수 있다. 만약 윤이 노론을 궁지에 몰고자 대리청정이라는 정치적 승부수를 띄운 것이라면? 게다가 노론이 서로 의논하여 당론을 정하듯이, 소론의 지지를 통해 왕위에 오른 윤이 조태구·최석항 등을 거점으로 삼는 막후정치를 통해 함께 만들어낸 작품이라면? 만에 하나 그렇다면 결국 내려진 대리청정 명령의 회수는 어떤 의미를 지니는 것일까? 그것은 다름 아닌 노론을 무장

해제시킬 만큼의 강력한 정치적 타격을 입히는 것이 아니었을까? 김창집은 현왕을 지지하지 않는 당의 당원이기 전에 한 사람의 유학자이자 신하로서 예법에 맞지 않는 무리한 건의를 강압적으로 내놓았다. 또한 몇 번이나 주변 상황에 따라 의견을 바꾸는 것을 통해서도 결국 자신들의 뜻을 관철시키지도 못했다. 이것은 누가 봐도 노론의 급격한 추락이고, 마침내 그들이 입게 될 불행을 예고하는 것이었다.

그렇다면 윤은 동생인 금을 단순히 자신의 정적에게 치명적인 타격을 입히는 수단으로 활용한 것이었을까? 그렇게 보기는 힘들 듯하다. 실록에서 보이듯 윤에게는 금에게 대리청정을 시킬 마음도 없지는 않았을 듯하다. 그의 말대로 잠시 물러나 있다가 몸이 회복되면 얼마든지 왕으로 복귀할 수도 있는 문제였기 때문이다. 또 대리청정이 아닌 참정 형태로는 동생을 보호할 수 없겠다고 생각했을지 모른다. 참정을 하게 되면 명령 체계가 서로 엉킬 수 있고, 그 과정에서 두 사람의 뜻이 부딪치지 말란 법이 없다. 세제가 허락한 것을 왕이 뒤엎을 수 있고, 노론의 강압에 의해서 왕의 뜻에 반하는 일이 세제의 결재하에 진행될 수도 있다. 차라리 전결권을 동생에게 잠시 넘겨주고 물러나서 숨을 고르는 게 윤에게는 차선책이었을 수도 있었다는 얘기다.

이렇듯 왕과 그에 대척적인 신하 세력과의 한판 대결에서 형제간의 우애는 위태롭게 지켜지고 있었다. 형은 그 끈을 놓지 않으려 노력했고 동생도 마찬가지였다. 분명한 것은 우애의 끈은 끈질기게 이어지고 있었던 반면, 군신의 의는 눈에 띄게 삭아내려서 이미 회복할 수 없는 지경에까지 이르렀다는 점이다. 대리청정의 명이 거두어진 지금, 겉으로는 아무것도 바뀐 게 없었다. 그러나 속으로는 많은 것이 바뀐 상태에서 무언가의 일이 발 빠르게 진행되고 있었다.

노론을 숙청하는 윤

금이 나중에 왕이 된 후 가장 미워한 사람이 바로 김일경이다. 역적의 본보기처럼 되어 사형을 당한 인물인데, 윤의 재위 시에 그는 만만치 않은 권력을 행사한다. 그는 윤을 옹호하던 소론에 속하는 인물로 노론에 대하여 극렬한 반감을 가지고 살았다. 금에 대하여는 적대적일 수 있는 입장이었으며, 실제로도 엄청난 감정의 골을 내보인 인물이다.

김일경은 금이 세자가 되는 것에 대하여도 당연히 반대하는 입장이었다. 그러나 어쩔 수 없이 그것이 이루어지자 한동안 참고 지내왔다. 그러다가 세제의 대리청정 문제가 불거져 나오자 더는 참을 수 없는 지경이 되었다. 조성복을 앞세워 김창집 등 노론의 대신들이 이 문제를 거론하고 나올 때부터 그는 적의 어린 눈으로 그들의 일거일동을 살피고 있었다. 어떻게 하든 그들을 가만둘 수 없다는 생각도 품게 되었다. 거칠고 격렬한 성격에다 그는 신중하지도 않았다. 참혹한 숙청극을 연출하기에 딱 알맞은 사람이었다.

노론 4대신 역적으로 몰리다

대리의 명이 취소되어 정국이 가라앉은 듯한 12월 6일(임술)에 김일경은 박필몽, 이진유 등과 함께 노론 대신들에 대한 공격에 나선다. 직언을 구하는 왕의 하교에 따라 상소를 올린 것인데, 여기서 김창집, 이이명, 조태채, 이건명은 '사흉四凶(4인의 흉악한 인간들)'으로 지칭된다.

김일경 등이 '사흉'을 공격하는 내용은 여러 가지였다. 조성복을 앞세워 대리청정을 반론하였고, 초기에 이를 반대하는 신하들의 대열에 고의로 참여하지 않았다. 대리를 반대하는 신하들을 공격하고, 임금의 뜻을 받들어야 한다는 핑계로 연명을 하여 끝내 대리를 실현시키고자 했다. 그들은 전하를 무능하다고 보았고, 업신여기는 마음을 가졌다. 눈치를 보아 전하가 내린 대리의 명을 추진하다가도 때로는 죄를 비는 등 앞뒤가 맞지 않는 행동을 예사로이 하였다. 조태구 등 신하들에 의하여 대리가 마침내 취소되었으나 그들의 태도에서 나타난 역심逆心은 다스리지 않을 수 없다. 모든 신민이 그들에 대한 처벌을 바라고 있는 것도 사실이다. 그러므로 한시 바삐 대리를 반론

김일경에 의해 사흉으로 지목된 이이명. 이조·병조판서, 우의정, 좌의정 등을 지냈다. 경종 때 세제의 대리청정을 주청, 소론의 반대로 철회되고 유배되었다. 성리학에 정통했고 실학사상에도 관심이 깊었다.

한 조성복과 이들 '사흉'에 대하여 엄한 처벌을 내려야 한다는 게 상소의 요지였다.

아무리 당파가 다르다고 해도 김일경은 정5품의 사직에 지나지 않는다. 그런 그가 정1품의 의정부 대신들을 이토록 가혹하게 공격하는 것은 이미 정상적인 행태일 수가 없다. 적의를 품고 하는 사생결단의 행동이라고 봐야 할 것이었다. 김일경은 상소에서 세제인 금을 직접 공격하고 있진 않다. 그러나 노론 대신들을 그가 적극적으로 공격하고 나선 것은 보기에 따라 금에게 각을 세우는 행동으로 보일 여지가 없지 않다. 조태구나 이광좌는 소론이면서도 그런대로 금을 공경하는 마음 자세를 가지고 행동했다. 그에 반해 김일경에게는 전혀 그런 마음이나 행동이 없었다. 노론이나 금에 대하여 그는 급소急小(초강경의 급진적 소론이라는 말)로도 불리는 골수 반대파였다. 김일경 등이 올린 상소에 대하여 윤은 의외로 아주 호의적인 반응을 보였다.

"올린 진언을 내가 심히 아름답게 여기며 받아들이노라."

신사철을 비롯한 여러 명의 승지가 김일경의 상소가 음흉한 뜻을 품고 있다며 처벌을 주장해도 왕은 받아들이지 않았다. 오히려 내 마음의 깊고 얕음을 헤아려보고자 했다고 꾸짖으면서 승지들을 모두 파직해버렸다.

정치적인 승리를 거둔 뒤 윤은 자신감을 완전히 회복했다. 정부 대신들을 사흉이라고 지칭한 상소문을 받아들고 왕은 "아름답다"고 말했다. 한번쯤 되물리며 진상을 철저히 조사하라는 식의 머뭇거림도 없이 그러한 감탄사가 나왔다는 것은 상식적으로 납득하기가 힘들다. 불과 얼마 전까지만 해도 윤은 대리청정의 명을 물려달라는 김창집 등에게 "경들의 정성은 충분히 안다"며 위로하는 말까지 했었다. 그런데 이제는 그들의 흉악한 정상이 만천하에 드러난 것에 대하여 아름답다는 표현을 사용하고 있다. 이로써 여러 날 동안 대리 문제로 시달리면서 윤이 노론의 대신들에게 유감을 품고 있었다는 사실이 분명해졌다.

그런데 과연 윤이 이날 이러한 상소문이 올라올 것을 모르고 있었을까? 함부로 추측할 수 없는 문제이긴 하지만, 윤의 태도로 보건대 상소문은 이미 왕의 뜻이 반영되어 작성되었을 가능성도 전혀 배제할 수 없다. 되찾은 정치적 자신감을 바탕으로 이제는 숙청의 단계에 들어섰다는 확신을 윤은 그 이후의 행동을 통해서 여실하게 보여주고 있다.

평소의 그답지 않게 윤의 조치는 신속했다. 김창집을 거제, 이이명을 남해, 조태채를 진도에 서둘러 유배시켜버렸다. 중국 청나라에 세자의 책봉 주청사로 갔다가 이듬해에 귀국한 이건명도 나로도에 유배·안치시켰다. 이로써 윤의 감정은 일단 응어리가 풀린 셈이다.

이들의 처벌을 주장한 김일경 등에게는 승진의 보상이 주어졌다.

김일경은 이조참판, 박필몽은 지평, 이진유는 정언으로 특별히 자리가 올려졌다. 이들 외에 대리의 명을 거두는 데 공로가 있는 소론 측 신하들에게도 승진의 혜택이 돌아갔다. 최석항이 병조판서, 이광좌가 예조판서가 되었고, 결정적 공훈을 세운 조태구는 미구에 영의정이 된다. 대리 문제를 둘러싼 공방 속에서 끝까지 이를 반대한 소론 측의 승리였다. 물론 그들의 손을 들어준 인물은 왕인 윤이다.

이런 조치들을 보면 윤의 사람됨은 노론 측에서 보듯이 그렇게 함부로 대해도 좋을 왕은 아니었음을 알 수 있다. 『경종실록』 원년 12월 6일자 사신史臣의 글도 그러한 취지의 말을 하고 있다.

"주상께서 즉위하신 이래 지나치게 온유하고 말씀이 없으신 채, 조용히 높은 곳에 앉으셔서 신하들을 인접하더라도 대화가 없이 아랫사람들의 진품陳稟(의견을 말하는 것)을 모두 그대로 허락하셨다. 그러자 흉당凶黨(흉악한 무리)들이 업신여긴 나머지 두려워하거나 꺼리는 바가 전혀 없었으므로 모두가 근심하고 한탄하며 (주상에게) 질환이 있는가 걱정을 하였다. 그런데 이에 이르러 하룻밤 사이에 과감한 결단을 크게 발휘하시어 흉당의 무리를 내치고 착한 선비들을 올려 쓰시니, 천둥이 울리고 바람이 휘몰아치는 듯하여 하늘과 땅이 뒤집히는 것 같았다. 이에 비로소 뭇 신하들이 주상께서 남모르는 덕을 도회韜晦(재주나 학식을 드러내지 않는 것)하신 것을 알았다."

왕으로서의 실권을 놓고 잠시 쉬고 싶었던 것이 윤의 여러 의도 중 하나였던 것은 분명하다. 그러나 막상 자신의 2선 퇴진을 공공연히 주장하고 나선 노론들에게 그의 마음은 깊은 상처를 받았다. 이대로 조용하게 있을 수만은 없다고 생각했을 것이다. 노론은 윤을 너무 얕잡아보고 경솔하게 행동한 면이 있다. 그들은 권력에 대한 인간의 욕구가 어떠한 것인가를 제대로 이해하지 못하였다.

대리의 문제가 일단락되고 그에 따라 명암이 엇갈리는 인사가 이루어지는 가운데 누구보다 괴로운 사람은 세제인 금이었다. 노소론의 이해관계가 어떻든 대리를 둘러싼 갑론을박의 와중에서 금은 중심적인 위치에서 벗어날 수 없는 입장이었다. 권력의 후계자란 조심해도 언제나 어려운 위치에 처하곤 한다. 당초 세자로 책봉될 때도 금은 중상모략을 일삼는 소리를 들어야 했다. 연잉군은 정궁正宮을 박대하고 주색에 빠져 있다는 소문이 돌지 않았던가. 요컨대 인격적으로 결함이 있으니 세자로 적합하지 않다는 품평이었다. 그리하여 세자로 책봉되던 날에도 금은 한없이 흐르는 눈물을 주체하기 어려웠다.

역사에 밝은 그는 대리를 둘러싼 분란의 와중에서도 결국 권력이 일으킬 파란을 이미 환히 내다보고 있었다. 그리고 그 예상은 빗나가지 않았다. 대리청정의 문제가 일단락된 후 수많은 사람들이 유배되었고 앞으로 죽을 수도 있게 되었다. 물론 금 자신도 안전한 위치를 보장받고 있진 못했다.

금이 볼 때 왕이자 형인 윤은 성정이 아주 착한 사람이다. 그러나 윤도 감정을 가진 사람이고 보면 언제 무슨 일로 자신에게 위해를 가할는지 그것은 알 수 없는 일이다. 이번 대리 문제만 해도 그는 마치 속도 없는 사람처럼 신하들의 강박적인 요구를 그대로 받아들이는 듯했다. 그러나 일단 결론이 대리를 취소하는 것에 이르자 그의 행동은 냉정하고 무자비한 데가 있었다. 김창집 등 노론의 네 대신을 일거에 유배 보낸 것도 그렇고, 즉위 초에 일어난 윤지술의 방자한 짓거리에도 오래 쌓인 분노를 표출하여 죽이지 않았던가.

윤지술은 성균관 유생이었다. 그런데 이이명이 숙종의 생애를 기록한 지문誌文에서 장희빈을 폐출한 일을 쓰지 않자 이를 공격하고 나섰다. 명백히 밝혔어야 하는데 빠뜨렸으니 잘못이라는 것이었다. 비록 죄를 받고 죽은 장희빈이지만 그녀는 엄연한 현왕의 생모이다. 지술의 말이 아주 잘못된 것은 아니지만 이 같은 태도는 왕을 모욕하는 행위가 아닐 수 없다. 왕인 윤을 우습게 본 까닭이라고 해야 할 것이다. 사실 지술은 그동안 노론의 갖은 비호 아래 큰 처벌을 받지 않고 지낼 수 있었다. 그랬는데 윤은 이 기회에 새삼스레 1년 전에 있었던 그의 죄과를 되새기며 지술에게 사형을 집행하도록 명한다. 비망기로 내려진 지시 내용은 다음과 같다.

"작년에 윤지술은 지문의 개찬改撰(고쳐서 다시 짓는 것)을 빙자하여 나의 사친私親을 무욕誣辱(꾸며낸 말로 모욕을 주는 것)하였다. 속에 품은 바를 진달해 올린 글은 그 정절情節(뜻과 문구)이 극히 흉악하고 남김 없이 모두 드러냈으니 나라의 형률에 따라 처벌하라."

여기서 사친은 물론 장희빈을 말한다. 자신의 생모에게 모욕을 가한 윤지술을 용서할 수 없다고 본 것이다. 무골호인 같으면서도 꽁하는 면이 있음을 여실히 보여주는 대목이다. 소론인 우의정 조태구까지 나서서 살려줄 것을 간절하게 청해도 막무가내였다. 일단 결정된 일도 신하들이 애써 청하면 취소하는 일이 적지 않던 윤이 이런 태도를 보인 것이다. 윤지술을 처벌하는 것과 함께 윤은 장희빈의 작위 회복을 주장한 이유로 죽은 조중우에게 특별한 은혜를 베푼다. 직첩을 내리고 예관을 그의 집으로 보내 정중하게 제사를 지내도록 한 것이다. 그동안 억누르며 지냈던 유감과 고마움의 감정을 이로써 그는 모두 푼 셈이다. 신하들은 평소와 전혀 다른 왕의 모습을 발견하면서 자세를 가다듬어야 했다.

임금으로서의 윤

경종의 재발견*

얕잡아봤던 왕에게 수뇌부가 일망타진된 사건은 노론에게 큰 충격이었다. 완벽하게 뒤통수를 맞았던 노론은 결국 여기서 회복하지 못하고 신임사화라는 더 큰 파국을 맞이한다. 어떻게 이런 정치 국면의 역전이 가능했던 것일까? 앞서 대리청정 문제로 겪은 소동에서 윤의 역할이 사실은 매우 노련했다는 점을 살펴보았다. 그런데 의문은 여기서 그치지 않는다. 윤이 대리청정이라는 다소 극단적이고 역설적인 방식으로 정국의 주도권을 잡기 전에 약 1년 6개월 동안 경종의 자리는 텅 빈 공간으로 묘사되고 있기 때문이다. 이 정치적 공백

---

*
이 장에서 경종 초기 인사정책의 실상에 대한 부분은 정희선 씨의 논문 「경종조 신임사화의 발생 원인에 대한 재검토」에서 많은 도움을 받았음을 밝혀둔다.

기간은 다분히 문제적이다. 윤은 그 시기를 단지 숨죽이며 지냈던 것에 불과했을까? 국왕 중심의 리더십을 구축하려는 공식적인 노력은 전혀 없었을까? 경종에 대한 재평가에서 이런 의문은 반드시 짚고 넘어가야 할 부분이다.

차근차근 풀어보자. 먼저 이런 질문이 필요하다. "왜 노론은 그토록 성급하게 건저建儲(왕세자를 세움) 요청을 하며 왕을 구석으로 몰아야 했을까?" 비록 소론이 당론으로 지지한 왕이 보위에 올라 정권을 빼앗겼다고 볼 수도 있지만, 윤의 즉위 자체가 노론에게 그다지 큰 위기로 다가온 것은 아니었다. 그들은 말하자면 아직 막강한 다수당이었다. 왕이 자식을 낳을 수 없다는 것은 거의 기정사실로 받아들여지고 있었다. 무엇보다 세자 시절과 대리청정 시절 보여준 윤의 정치적 자질과 국정 운영의 역량은 거의 바닥 수준이었다. 전왕의 지지를 받았을 뿐만 아니라 비실비실한 왕이 일찍 운명하면 왕위를 물려받을 연잉군이라는 든든한 버팀목도 있었다. 오히려 노론 측에서는 윤을 자신들의 의지에 따라 움직이는 시스템을 개발하고 완비해나가는 게 순리였다. 하지만 이것을 넘어 노론은 경종을 상왕으로 밀어내고자 했다. 즉위 1년이 지나면서 세제 책립을 강요했고 곧바로 왕세제의 정치 참여를 요구함으로써 왕권을 분산시키려 했다. 윤이 즉위한 지 얼마 되지 않는 데다 그가 서른네 살의 한창때였다는 점을 고려하면 너무 성급한 기도였다.

처음부터 노론은 윤에게 쫓기고 있었다

게다가 왕이 침실에 든 한밤중에 작당을 해서 소론 몰래 노론 대신들만 입궐해 왕을 압박하고 대비의 확인까지 받아 속전속결로 세제를 확정지었다. 이것은 절차를 무시한 월권행위다. 자칫 탄핵을 받아 궁지에 몰릴 수도 있는 위급수였다. 그럴 수밖에 없는 부득이한 이유가 있었다면 무엇일까? 무엇이 노론 대신들을 이토록 화급하게 만들었을까? 멀리서 쳐다본다면 이것은 정치 실권자들의 안하무인식 농단으로 비칠 수도 있다. 하지만 가만히 보면 볼수록 어딘가 겁에 질린 자들의 행동에 가깝다. 아니면 무언가에 쫓겨서 급하게 허둥대는 사람들의 모습이다.

그 이유와 관련해서 몇몇 추정이 제기된 바 있다. 먼저 자식이 없는 윤이 양자를 들이려 했다는 설이다. 경종비 어씨가 종친의 아들 중에 나이 어린 자를 길러 자식으로 삼으려 하자 다급해진 노론이 행동에 나섰다는 것이다. 좌의정 이건명이 김대비의 밀지를 받아 영의정 김창집과 머리를 맞댄 이후 이정소로 하여금 상소를 올리게 했다는 기록이 『단암만록』에 실려 전해진다. 이들 내용은 앞서 이미 언급한 바 있다.

하지만 단지 그 이유로 노론이 건저와 세제의 참정을 서둘렀을까? 그렇게 판단하기엔 논리의 비약이 있다. 양자를 들이려는 시도가 위협적으로 보이게끔 만든 다른 힘은 없었는가? 앞장에서 언급했듯이 소론 강경파인 김일경 등이 왕을 움직여 노론을 일망타진하려는 음모를 꾸미다 노론에게 간파당했을 수도 있다.

하지만 음모론적 정황과 시각에 의해서만 이 문제를 다룰 수는 없다. 우리는 아직 윤이라는 존재를 하나의 정치 행위자로 충분히 고려하지 못한 상태이기 때문이다. 왕은 수많은 결정을 내린다. 그중에서 즉위 초 인사 결정은 왕의 측근을 구성하는 상징적인 권력 행사이자 왕이 바뀔 때마다 반복되는 필수 과정이기도 했다. 그러나 경종대에는 이 문제가 종종 간과되었다. 과연 윤이 자기 사람을 심을 만큼 정치에 적극적이었는가의 문제 자체가 성립되지 않았던 것이다.

기존 연구자들이 신임사화가 발생한 배경에서 윤의 역할을 주목하지 않은 것은 '윤의 무능함'이라는 전제조건이 너무 강력했기 때문이다. 말하자면 그는 정신적으로 불안하고 심약한 기질이 있는 데다 신체적으로 볼 때도 위장의 탈이 많이 났고 잘 씻지도 않아 냄새가 나는 등 국왕의 품위에 한참 못 미쳤다. 병이야 주어진 것이니 어쩔 수 없다 해도 수신하여 의관을 바르게 하는 것은 자질 문제였다. 자질이 한참 모자랐기 때문에 노론과 소론의 정치 다툼에 이용되었고, 결국 무책임하게 당화를 방조했던 것으로 이해되어 온 것이다.

그러나 앞서 살펴보았듯이 윤의 '무능함'이란 과장된 것일 수도 있고 의도적인 것일 수도 있다. 다른 국왕들, 특히 부왕인 숙종과 비교할 때 정국을 이끌어가는 데 적극적이지 못하고 강력한 노론 정권에 위축된 모습을 보여준 것도 그 연장선에서 해석할 수 있다. 그러나 이런 것에 휘둘리지 말고 냉정하게 당시의 정황을 놓고 판단해보자. 노론과 소론이 숙종 시절 세자 책립부터 경종 즉위 후 다투었던 세제 책립과 참정의 문제들은 바로 윤 자신의 왕권과 직결되는 것이었다. 그들의 싸움이 결론 나는 방향에 따라 가장 큰 이해득실을 보는 사람은 누구도 아닌 윤이었다. 이것은 간과할 수 없는 문제이다.

그렇다면 이런 가설을 던져보자.

'윤은 무기력한 모습을 가장한 채 노론을 제거하기 위한 결정적인 구실을 찾고 있었다.'

윤은 세자 시절부터 끊임없이 노론의 정치적인 공세에 시달렸다. 어머니 장희빈이 사사된 이후 노론에 대한 증오는 결정적으로 깊어졌을 수 있다. 세자 신분으로 어머니를 살려달라고 그들에게 울면서 매달렸지만 냉혹한 외면을 받았다. 또한 대리청정이라는 혹독한 정치적 시험을 거쳤다. 그것은 애초에 왕세자를 뒤집으려고 마련된 무대였다. 수백 개의 눈이 윤의 일거수일투족을 주목하고 있었다. 아무리 조심해도 발생하는 게 실수다. 노론이 노린 것은 바로 이것이었다. 그러나 약점을 잡히지 않기 위해 윤은 사력을 다했다. 그 과정에서 그는 노론과 자신이 양립할 수 없는 관계임을 뼛속 깊이 자각하지 않았을까? 이런 연유로 윤은 왕위에 오르자 노론을 견제하기 시작했다는 가설이 가능해진다.

윤의 자기 사람 심기의 실체

그렇다면 그 근거는 무엇인가? 실록에서 드러나는 윤의 태도는 왕위에 올라서도 여전히 수세적이었다. 능동적인 면을 찾아보기 힘들었다. 그러나 눈에 얼른 띄지 않는 곳에서 윤의 적극성은 발휘되고 있었다. 왕의 고유한 권한 중의 하나는 바로 인사권이다. 소론의 강력한 비호를 받아 왕위에 오른 이상 윤이 소론을 등용하는 일은 당연한 처사였다. 그러나 그동안 윤은 너무나 무기력한 왕으로 비쳤기 때문에 이 당연한 과정에 대한 사람들의 관심을 애초에 자라나게 하지 못했다. 즉, 노론의 대립 세력이자 윤을 지지해온 소론의 관계 진출 현황을 세밀하게 관찰해보지 못했던 것이다.

다음에 제시하는 표는 윤의 재위 기간 중 조정의 핵심 관직 가운데 노론과 소론이 차지하는 비중을 나타낸다.

윤이 즉위할 당시 중앙 정부 대부분의 관직은 노론이 차지하고 있었다. 〈표 1〉의 ①시기에 나타나 있는 바와 같이, 소론은 육조 내의 정치적으로 중요하지 않은 호조, 예조, 공조의 참판직을 포함하여 겨우 8명만이 주요 관직에 진출해 있었다. 백관의 우두머리인 의정부와 왕을 견제하고 신하들을 탄핵하며 여론을 다루는 기관인 사

표 1. 경종 초기 주요 관직자의 당색

관직명		①즉위년 6월8일 경종 즉위일		②즉위년 9월7일 윤지술의 상서		③원년 8월20일 이정소의 상소		④원년 10월10일 조성복의 상소		⑤원년 12월6일 김일경의 상소	
의정부	영의정	김창집	노	김창집	노	김창집	노	김창집	노	김창집	노
	좌의정					이건명	노	이건명	노	이건명	노
	우의정	이건명	노	이건명	노	조태구	소	조태구	소	조태구	소
	좌참찬	정 호	노	정 호	노	권상유	노	최석항	소	신 임	노
	우참찬	임 방	노	임 방	노	임 방	노	임방	노	임 방	노
이조	판 서	권상유	노	송상기	노	최석항	소	권상유	노	권상유	노
	참 판	심택현	노	심택현	노	이병상	노	이병상	노	이병상	노
호조	판 서	송상기	노	조태구	소	민진원	노	민진원	노	민진원	노
	참 판	송징은	소	송징은	소	이광좌	소	조태억	소	조태억	소
예조	판 서	이관명	노	이관명	노	송상기	노	이선현	노	이선현	노
	참 판	이 집	소	박태항	소	이 집	소	이 집	소	김흥경	노
병조	판 서	이만성	노	이만성	노	이만성	노	이만성	노	이만성	노
	참 판	유명홍	노	유명홍	노	이정신	소	김재노	노	황일하	노
형조	판 서	유집일	노	이선현	노	이선현	노	조도빈	노	홍치중	노
	참 판	윤 각	노	윤 각	노	김 연	소	이 조	소	권 업	노
공조	판 서	신 임	노	민진원	노	이관명	노	이관명	노	이관명	노
	참 판	이 조	소	황일하	노	박태항	소	황일하	노	홍계적	노
승정원	도승지	윤헌주	노	홍치중	노	이 조	소	홍계적	노	신사철	노
	좌승지	조명봉	노	조명봉	노	이기익	노	이기익	노	이교악	노
	우승지	한세량	소	권 황	노	한중희	노	남취명	소	조영복	노
	좌부승지	한중희	노	한중희	노	조영복	노	이교악	노	이연주	노
	우부승지	유중무	소	윤양래	노	권이진	남	김치룡	소	김제겸	노
	동부승지	조관빈	노	심수현	소	이인복	소	남도규	노	조명겸	노
사헌부	대사헌	조도빈	노	이희조	노	홍계적	노	이희조	노	이희조	노
	집 의	윤석래	노	홍우전	노	홍용조	노	조성복	노	조영세	노
	장 령	남세진	노	이중협	노	이 완	노	이 완	노	남세г	노
	장 령	김창흡	노	김태수	노	송도함	노	박치원	노	박필정	노
	지 평	신 석	노	정택하	노	유복명	노	이 유	노	서종급	노
	지 평	박필주	노	김진상	노	이종술	소	유복명	노	이기천	노
사간원	대사간	이의현	노	신사철	노	홍석보	노	권 업	노	황구하	노
	사 간	조명겸	노	김제겸	노	신 석	노	어유용	노	어유룡	노
	헌 납	송필항	노	송필항	노	서명균	소	이기진	노	정택하	노
	정 언	김 고	노	김 고	노	이정소	노	신무일	노	성진령	노
	정 언	유복명	노	김민택	노	이성룡	노	황 재	노	이 자	노
홍문관	부제학	김재노	노	김재노	노	이 재	노	이 재	노		
	응 교	김상옥	노					신 철	노		
	부응교			조상건		김제겸	노			신 석	노
	교 리	홍정필	소	김상옥	노	조문명	소	이중협	노	신 방	노
	교 리	조상동	노	조상동	노	이기진	노			유복명	노
	부교리	조상건				신 방	노	홍정필	소	이중협	노
	부교리							신 방	노	서종섭	노
	수 찬	이인복	소	이인복	소	서종섭	노	이덕수	노		
	수 찬			유척기	노	홍정필	소				
	부수찬	김동필	소			이중협	노	조문명	소	이기진	노
	부수찬					김진상	노	김진상	노	김진상	노
한성부판윤		유명웅	노	이홍술	노	이홍술	노	이홍술	노	이홍술	노

※정회선, 『경종조 신임사화의 발생 원인에 대한 재검토』(전북대 석사논문, 1986)에서 인용

헌부, 사간원에는 단 한 사람도 없었다. 그나마 이 시기의 관직자들은 당연히 숙종조에 임명된 자들이었다. 윤이 즉위하고 3개월이 지난 ②시기에는 숫자가 더 줄어들어 불과 5명의 소론이 주요 관청에서 명맥을 유지하고 있었다. 이러한 상황이었기 때문에 윤의 어머니 장희빈의 작위 회복과 그것을 막으려는 조중우와 윤지술의 사건은, 큰 정치적 공방도 없이 노론의 요구대로 결론이 났던 것이다.

그러나 윤은 이 "비대한 노론 세력"을 언제까지고 방치해두지는 않았다. 자신의 어머니를 능욕한 윤지술 사건에서 노론으로부터 심한 모욕을 당한 이후 윤은 적극적으로 바뀌기 시작했다. 소론을 의도적으로 정부 요직에 임명하기 시작한 것이다.

윤은 윤지술 사건이 발생한 지 한 달 뒤인 10월 12일 영의정 김창집을 불러들였다. 좌의정의 자리가 비어 복상卜相(새로운 정승을 가려 뽑음)하기 위해서였다. 원래 3명의 시임대신 중 궐원이 생기면 왕이 남아 있는 대신을 불러 후보자를 정하도록 하는 것이 상례였다. 그런데 윤은 우의정인 이건명은 부르지 않고 영의정인 김창집만을 불렀다. 김창집은 윤에게 이건명을 부르도록 요청했으나 윤이 응하지 않자 혼자서 후보자의 명단을 작성해서 제출했다. 이 명단을 받은 윤은 거부권을 행사해 가복加卜을 명했다. 새로운 사람을 후보로 더 적어 올리라는 것이다. 이에 김창집이 좌참찬인 정호의 이름을 적어 제출했는데 윤은 받아들이지 않고 또다시 가복하도록 지시했다. 그제야 김창집이 윤의 심중을 헤아리고 조태구를 그 명단에 첨가해서 다시 올렸다. 그러자 윤이 곧바로 그의 이름에 낙점했다. 이내 곧 조태구를 우의정에, 우의정인 이건명을 좌의정에 각각 임명했다.

이와 같은 윤의 처사에 대해 며칠 후 김창집이 차자를 올려 "신만 홀로 명을 받들어 일이 상례에 어긋났으니, 사람들이 의혹을 품는 것은 괴이하게 여길 것이 없습니다"라며 불만을 토로했다. 그러자 조태구가 사직서를 내며 이에 맞서는 등 약간의 소동이 일어났지만, 결국 윤의 의도대로 시임대신의 자리에 소론 조태구가 임명 확정되었다.

윤이 조태구를 우의정에 임명한 것은 노론의 세력을 견제하려는 그의 의지를 여실히 드러낸 것이었다. 조태구는 윤이 즉위한 후부터 우의정에 임명되기 전까지 요직을 빠르게 순환하면서 경력을 쌓았다. 즉 거의 넉 달 만에 서울시장에 해당하는 한성부 판윤, 문관의 인사를 총괄하는 이조판서에 공조와 호조판서 등을 거쳤다. 여기에는 아무래도 그를 우의정의 자리에 빨리 올리려는 윤의 의중이 반영됐다고 볼 수 있다. 조태구는 우의정이 되면서부터 윤의 바람에 적극적으로 부응했다. 사건이 터질 때마다 소론의 교두보로서 노론을 견제하는 역할을 충실히 수행한 것이다.

조태구가 윤의 왼쪽 날개로 등용됐다면 오른쪽 날개로 낙점을 받은 소론의 인물은 바로 최석항이었다. 윤은 외모는 왜소했으나 강한 정신력을 가진 그를 특별한 관심을 가지고 지켜보았다. 경종 즉위년 11월 17일(경진)에 노론인 병조판서 이만성이 청나라에 사신으로 가면서 사직소를 올리자 윤은 곧바로 허락하고 그 자리에 최석항을 앉혔다. 줄곧 지방직으로 돌던 최석항이 비로소 중앙 정부의 요직에 복귀한 것이다. 최석항은 그다음 달에 의정부 판윤을 겸하였고, 경종 원년 2월에는 홍문관 제학을 겸하게 되었다. 그 역시 빠르게 각 부처를 거치며 실권을 장악해나갔다. 같은 해 7월에는 이조판서 이의현이 사임하자 최석항이 그 자리에 임명되었다. 이조와 병조는 문무 관리를 선별해서 등용하는 기구이기 때문에 그 수장의 역할은 두말할 나위 없이 중요한 것이었다. 최석항이 이조 자리에까지 오르자 지켜보던 노론이 드디어 참지 못하고 나섰다. 최석항이 이조판서에 제수된 지 나흘 후에 장령 박치원이 그를 탄핵하고 나선 것이다.

"최석항이 오랫동안 병조兵曹를 맡아오면서 숱하게 남의 비평을 들었고, 그의 진용進用한 바는 거의가 아첨하거나 사적으로 가까운 사람들뿐이어서 대간臺諫의 논박을 당함이 여러 차례였는데 아직껏 쭈그리고 앉아 버텨왔습니다. 그런데 이조吏曹로 옮기라는 명이 뜻밖에 나왔습니다. 대개 이조는 인물을 전형銓衡하는 일이 병조보다 훨씬 중한데 최석항은 연전에도 병조를 맡아보면서 마음대로 사사로운 정에 의거해 사람을 썼으니, 그 취사의 치우침과 마음씀의 무엄함이 선대왕의 밝으신 지감知鑑 앞에 낱낱이 드러난 바 있었습니다. 그런데

이의현의 영정. 경종 때 신임사화에 연루, 유배되었다. 영조 때 우의정에 올랐으나 정미환국으로 쫓겨났다가 박필몽 등의 반란을 평정해 영의정이 되었다. 『경종실록』 편찬에 참여했다. 청백리로 알려졌고, 글씨도 뛰어났다.

막중한 전형의 소임을 어떻게 다시 이런 사람의 손에 주어 탁란濁亂에 일임하려 하십니까? 제수하는 왕명이 한번 알려지자 여론이 크게 놀라워하니 마땅히 빨리 그 관직을 바꾸어 공론이 더욱 격렬해지지 않도록 하여야 할 것입니다."

최석항, 소론 등용에 팔을 걷어붙이다

상소문을 읽은 윤은 깊은 탄식을 내뱉었다. 저격하는 논조와 꾸며낸 사실들이 너무나 어처구니없었기 때문이다.

"동전東銓의 장을 헐뜯음이 이르지 아니한 곳이 없으니, 내가 매우 한탄스럽고 애석하게 여기며 마음속으로 깊이 개탄한다."

이렇게 말한 뒤 윤은 박치원의 청을 들어주지 않았다. 그러나 박치원의 상소에 대해 윤이 문제 삼지 않는 것을 두고 논쟁이 일어났다. 소론은 "박치원이 사주를 받고 영격迎擊함에 급급한 나머지 아무 까닭 없이 날조하여 무함하자니 거조가 해괴하고 패악스러움으로 식견이 있는 자는 해괴하게 여기지 않는 이가 없었고, 임금 또한 그의 정상을 익히 알았으나 끝내 시비를 분명히 가려 엄중한 벌을 가하지 않았으니, 여러 사람이 이 일로써 더욱 억울하게 여겼다"며 탄식했다. 이후 박치원을 엄하게 다스리라는 소론의 상소문과 박치원을 보호하려는 노론의 상소문이 연달아 조정에서 뒤엉켰다. 이에 윤은 어느 쪽의 요구도 들어주지 않고 논란의 시발이었던 박치원을 다른 부서로 발령 내는 것으로 사태를 일단락 지었다.

그런데 박치원의 상소에서 간과할 수 없는 사실이 있다. 최석항이 병조판서로 있으면서 "아첨하는 자와 가까운 자를 대거 등용시켰다"는 지적이다. 이것은 최석항이 무관직에 소론을 많이 등용시켰음을 의미한다. 그렇기 때문에 최석항의 이조판서 임명은 문반직에서도 그와 같은 현상이 나타나지 않을까 하는 노론의 경계심을 불러일으키기에 충분했다. 최석항이 이조판서가 되더라도 함부로 자기 사람을 쓸 수 없게 그의 인사행위를 문제적인 것으로 만들고자 하는 의도도 있었다.

조태구와 최석항에 이어 윤이 주목한 인물은 이광좌다. 그는 윤이 왕위에 오른 직후부터 예조와 이조의 참판직을 역임하고 원년 3월에는 도승지가 되었다. 그 역시 노론의 탄핵을 피하지 못했다. 역시 이조로 옮기려 했을 때 문제가 된 것이다. 경종 즉위년 12월 이조참판에 이광좌를 임명하자 사헌부가 즉각 반발하고 나섰다. 매우 심하게 논척을 당해 관직에 나아가지 못할 정도였다. 이때에 윤은 "이조참판에 임명한 것은 우연한 명령에서 나온 게 아니니 속히 관직에 나아와 대정(12월의 도목정사)이 지연되지 않도록 하라"는 의미 있는 말을 하면서 그를 소환했다.

이삼李森도 경종대에 무관으로서 중요한 관직을 두루 거친 소론 측 인사다. 그는 윤 즉위년 9월에 수원부사, 원년 1월에 포도대장, 같은 해 4월에는 훈련도감의 중군이 되었다. 노론은 이삼이 이들 관직에 임명될 때마다 그를 탄핵했는데, 윤은 이에 전혀 아랑곳하지 않으며 그를 등용했다. 그러자 사헌부 집의 임동(任洞)이 "이삼이 대간의 탄핵을 받을 때마다 주상이 그를 더욱 높이 등용하는 것은 대간을 경시하는 처사"라고 항의하기까지 했다. 그러나 윤은 "내가 알고 있는 이삼은 담략이 있을 뿐만 아니라 임지에 이르는 곳마다 치적이 뛰어났는데, 그를 헐뜯는 말이 온당치 못하다"라고 응수했다.

위의 네 명 말고도 윤지술 사건 이후부터 약 1년 동안 중앙의 주요 관직에 드나들던 소론 측 인사가 적지 않았다. 그리하여 이정소가 왕세제 책봉을 요구하는 상소문을 제출한 윤 원년 8월 20일, 즉 〈표 1〉의 ③시기에는 13명의 소론이 주요 관직을 점유하고 있었다. 이 숫자는 ②시기의 5명에 비하면 대단히 증가했으며 질적으로도 진일보한 것이었다. 뿐만 아니라 이제 주요한 관청에는 어디에나 소론이 진출해 있으며, 특히 육조의 경우 판서와 참판직에 노론과 소론이 거의 대등하게 늘어서 있다는 점이 주목된다.

이와 같은 소론의 진출은 우연한 현상이 아니었다. 비대해진 노론 세력을 견제하기 위한 국왕 윤의 의지에서 나온 것이다. 만약 이 같은 증가 추세를 유지한다면 '환국'이라는 비상수단을 사용하지 않고도 정상적인 관리 임용 방법으로 소론이 노론을 충분히 견제할 만한 수준까지 도달할 수 있었다. 그것도 아주 짧은 기간에 말이다. 따라서 왕세자 시절부터 윤을 배척해온 노론으로서는 윤이 은연중에 소론을 등용해나가는 경향에 대해 심각한 위기의식을 느끼지 않을 수 없었다. 그리하여 노론은 윤이 자신에게 가할지도 모를 박해를 미리 방지하고 계속해서 정권을 유지하기 위한 장치를 강구하게 되었다. 그 장치가 다름 아닌 왕세제 책봉이었다.

그들은 윤이 노론을 견제하고자 하는 의도가 점차 구체화되자 그 구상을 실행에 옮기는 데 망설이지 않았다. 그들은 곧 왕세제 책봉을 요구하였고, 이 일이 순조롭게 이루어지자 그로부터 2개월도 지나지 않아서 왕세제의 참정 문제를 거론했던 것이다.

이에 대해 윤은 마치 그들의 의중에 부응이나 하듯 왕세제로 하여금 참정이 아니라 대소의 정사를 모두 전결하는 대리청정의 명을 내렸다. 그러면서도 소론 대신들이 이에 항의하자 윤은 그 명을 두 번씩이나 번복해버린다. 앞서 다뤘지만 이러한 윤의 말 바꾸기는 그러한 사건을 확대시키는 과정에서 노론의 의중을 확실히 노출시키기 위함이었다.

한편 노론은 윤의 의도적인 변덕으로 왕세제의 참정이 수포로 돌아가자 방향을 바꾸어 소론을 탄핵하는 일에 전력을 기울였다. 이것은 노론의 왕세제 책봉과 대리청정 요구를 비난하는 소론의 공격에 대항하는 반사작용이기도 했지만, 더 나아가 요직에서 소론을 축출해 윤을 고립시키기 위한 전략이기도 했다. 윤이 대리청정의 명을 내린 날부터 신임사화가 시작되던 날까지 약 두 달 동안 노론으로부터 탄핵을 받은 소론 관료들은 〈표 2〉와 같다.

표 2. 노론의 탄핵을 받은 소론의 명단

성명	횟수	성명	횟수	성명	횟수
박태항	15	이 조	7	김 연	2
조태구	10	홍만조	7	이정신	2
조태억	10	이 집	5	이광좌	1
최석항	10	한배하	4	서명균	1
한세량	10	이인복	4		
유봉휘	7	이진검	2		

※정회선, 앞의 논문에서 인용

이처럼 노론은 삼사三司를 앞세워 거의 매일 갖은 이유를 다 붙여서 소론을 탄핵했으며, 그 결과 신임사화가 시작된 〈표 1〉의 ⑤시기에는 주요 관직에 소론이 겨우 두 명밖에 남지 않았다. 삼사를 장악하고 있는 당의 위력이 입증된 것이다. 이러한 추세는 윤으로 하여금 왕위 보존에 대한 불안감을 느끼게 했을 것이다. 윤이 정상적인 방법으로 소론 세력을 확장할 수 있었던 것은 사실상 ③시기의 경우가 한계점이었을 듯하며, 그나마 노론의 반격으로 궁지에 몰리게 되었다. 따라서 노론의 의중을 알고 있는 윤이 그들을 제거하기 위해서는 왕권을 이용하여 행사할 최후의 수단으로서 전면적인 환국을 도모하지 않을 수 없었던 것이다. 윤은 이것을 피하기 위해 그토록 자중하면서 조심스러운 행보를 보여왔지만, 노론의 뜻이 어디에 있는가가 이미 만천하에 드러나 있고, 그들이 죽기 살기로 자신을 몰아내려는 의도가 더욱 강해지는 시점에서 이제 칼을 뽑아서 부딪치는 방법 외에는 달리 방법이 없었다. 그리고 환국의 근거는 아주 치명적인 것이어야 했다.

전면적인 환국의 실질적 배경

모종의 결심 이후 윤은 신료들에게 다음과 같은 구언求言의 교를 내렸다. 극심한 흉년이 그 자신의 부족한 덕에서 비롯했지만 또한 신료들이 화합을 생각하지 않기 때문이라고 지적하면서, 재난을 극복할 수 있는 방법을 진언하도록 명했다.

이 구언의 교가 공포된 지 10일 후인 12월 6일(임술) 김일경, 박필몽, 이명선, 이진유, 윤성시, 서종하 등 7인이 그에 응해 연명으로 5000자가 넘는 장문의 소를 제출했다. 앞 장에서 다룬 노론 4대신의 탄핵 상소다. 이 상소가 올라오자 노론을 비난하는 상소에 대해서는 항상 그러했듯이, 승정원 승지들이 곧바로 김일경 등을 탄핵했다. 그러나 윤은 승지들이 감히 임금의 마음을 떠본다고 책망한 후 그들을 모두 파직하라고 명했다. 승지들로서는 의외의 결정이자 매우 전격적인 조치였다. 윤의 이 조처는 정부 내에서 노론을 축출하기 위한 서곡에 불과했다. 윤은 곧 비망기를 내려 노론을 질책한 후, 노론이 항의할 여유도 주지 않은 채 3사의 관리, 훈련대장, 공조를 제외한 5조판서 등의 순서로 같은 날 모두 파직했다. 3일 후에는 또다시 영의정 김창집과 좌의정 이건명을 파직시킴으로써 정부의 주요 관직에서 대부분의 노론을 제거했다.

　　김일경의 상소를 계기로 시작된 노론 탄압은 윤 2년 3월 27일 목호룡의 고변으로 인해 당쟁사상 최대 규모의 당화로 확대되었다. 환국이 단행된 초기에 있어서 노론에 대한 처벌은 파직, 삭탈관직, 문외출송, 또는 유배 등이 대부분이었다. 물론 정권을 장악한 소론은 노론에 대하여 보다 더 가혹한 형벌을 내리도록 윤에게 요구했다. 그러나 윤은 그들의 요구를 최소한으로 받아들였다. 이러한 가운데 목호룡의 고변이 발생하자 소론은 이를 기회로 노론이 다시는 재기할 수 없을 만큼의 타격을 가하기 시작했다.

환관들의 모해

　　노론의 몰락을 가져온 목호룡의 고변이 있기 전, 그 전조로서 나타난 것이 바로 환관 박상검과 왕세제 연잉군의 대립이다. 이 사건 역시 왕실을 떠들썩하게 했는데 윤과 금, 두 형제의 우애는 여기서 또다른 시험을 거치게 된다. 금이 더욱 조심하며 살 것을 다짐하는데 어려운 일은 계속 앞에 닥쳐온다. 이번에는 세제로서의 기본적인 임무를 수행하기도 어려운 일이 그의 입지를 난처하게 만들고 있었다. 그가 왕인 윤에게 매일 문안을 드리는 일은 거를 수 없는 소임이다. 공적으로 보자면 윤과 금은 군신의 관계이고, 사적으로는 형제간이다. 한편 법으로는 부자의 관계로 간주되므로 효도를 하는 심정으로 문안은 거를 수 없는 일이다.

　　이런 와중에 환관과 궁녀들의 방해로 사실상 이 일이 어려워지고 말았다. 이렇게 되면 까닭을 모르는 윤의 입장에서는 섭섭하게 생각하고 노여움을 품을 수 있다. 그런 나머지 금에게 어떠한 처분을 내리는지도 알 수 없는 일이다. 유약한 듯싶지만 경우에 따라 얼마든지 가혹할 수 있는 형이 아니었던가. 금의 마음은 불안할 수밖에 없다. 여기에다 그의 문안을 방해하는 자들은 심지어 금을 제거할 궁리까지 하고 있었다. 괴로운 나머지 금은 당직으로 근무 중인 궁관宮官(동궁 소속의 관원)들과 익위사翊衛司(동궁을 경호하는 관청)의 관원들을 불러 하소연한다.

"한두 명의 환관들이 못된 짓을 하여 나를 제거하려고 하자 자성慈聖(대비로 있는 숙종의 계비 인원왕후)께서 (나의 말을 들으신 후) 대조大朝(윤)에게 들어가 고하라고 하셨다. 이에 내가 울면서 대조에게 청한즉 처음에는 그들(환관과 궁녀들)을 나추拿推하라고 하시더니 곧 또 이를 환수하셨다. 이 일을 발설하지 않았다면 그만이지만 이미 말을 꺼낸 후라, 불가불 임금의 측근에 있는 나쁜 자들을 제거해야겠기에 다시 진달해 올렸으나, 감히 들을 수 없는 교지를 내리셨다. 이러니 나는 장차 합문을 나가 거적을 깔고 죄를 기다리면서 저위(세자의 지위)를 사양코자 하거니와 강관(세자시강원의 강론을 담당하는 관원)들로 하여금 나의 거취를 알게 하고자 한다."

금이 이러한 결심까지 하게 된 데에는 그 나름의 사연이 있다. 얼마 전에 금은 몇몇 환관들(박상검, 문유도)이 부당하게 정사에 관여하고 자신에게까지 방자한 행동을 하자 보다 못해 그들을 청음정에 불러 모았었다. 이 자리에서 그는 해당 환관들을 가리키면서 그들이 자신에게 지은 죄가 있음을 지적해 말하고 (대비에게 사실을 아뢴 후 그 지시에 따라) 왕에게 들어가 자초지종을 말씀드렸었다. 왕은 이에 따라 해당 환관들을 나추하라고 명했지만, 무슨 생각에서인지 곧 명령서를 환수하여 찢어버렸다.

윤은 왜 금의 요청을 묵살했을까

그것은 금이 좀처럼 상상하기 어려운 조처였다. 윤이 세제이자 동생인 자신보다 두 환관을 더 믿고 있다는 애기가 아니겠는가. 이틀 후 금은 생각다 못해 자신의 궁관들에게 사실을 말하고 저사의 지위를 물리고자 한다. 그렇게 하는 것이 윤의 진심에 따르는 것이라고 판단했기 때문이리라. 궁관들이 듣자 하니 심각한 내용이 아닐 수 없다. 세제가 환관들과 궁녀들에게 몰리고 있다니 이게 있을 법한 일인가. 그들 중에서 김동필과 권익관이 금을 위로하고 사리를 따져 설득한다.

"저하께서는 대조와 군신관계인 데다 의리로는 부자와 같은 관계이니 한때 섭섭한 하교가 있더라도 더욱 공경하고 효성을 다해야 할 뿐입니다. (…) 환관은 집안으로 말하면 일개 종놈에 지나지 않는 자들인데 이제 그 죄가 명백히 드러났으니 법으로 다스리면 될 뿐이므로 저하가 불안한 마음을 가지실 이유는 없습니다. (…) 대조에게 후손이 없어서 저하를 국본國本으로 삼으셨고, 양궁(대비와 왕)의 사랑과 효성에도 틈새가 없는데, 어찌 여우와 쥐새끼 같은 무리들로 해서 저사의 지위를 사양하고 죄를 기다리겠습니까?"

김동필과 권익관이 아뢴 이 같은 말들이 금에게는 한없이 고맙고 위로가 된다. 그러나 이들은 아직 실정을 잘 모른다. 지극히 원론적인 대처 방안을 제시하는 데 그치고 있는 것도 그 때문이다. 그리하

건청궁 장안당. 조선시대 왕의 침소로 쓰인 곳. 연잉군 금이 이곳에서 형인 윤에게 아침 문안을 드리기 위해서는 청휘문을 반드시 지나와야 했다.

여 금은 좀더 자세한 설명을 덧붙인다.

> "이 일은 일조일석에 된 일이 아니어서 이미 쌓인 지가 오래되었다. 내가 상上의 앞에 나아가 고한 후에 비록 (상께서) 나추의 명을 거두기는 했어도 그놈들로서는 마땅히 몸을 움츠리고 엎드려 죄를 기다려야 할 것인데도, 오히려 조금도 거리낌 없이 양양한 태도로 금중禁中(궁중)을 출입하고 있다. 이들로 해서 나는 대조께 문안드리고 수라를 돌보는 일도 할 수 없게 되었으니, 만약 내가 저사의 지위를 물러나지 않는다면 언젠가는 저들의 독수에 걸리고 말 것이다. 그러니 물러나 죄를 기다리는 외에 달리 길이 없다."

세제라고는 해도 왕의 신임을 믿고 농간을 부려 자신을 해치려는 자들에게 금은 달리 대처할 방법이 없다고 여겨 이런 말을 했다. 그로서는 참으로 극도의 위기감을 느끼고 어렵게 올린 말이다. 윤이 동생인 자신의 말을 듣고 속 시원하게 못된 짓하는 자들을 처벌해주면 일은 끝난다. 그러나 현실은 그렇지가 않다. 윤은 그들을 처벌할 듯이 하다가 오히려 취소해버렸으니, 이럴 수가 없다. 그는 환관들에 의한 음모의 장막에 둘러싸여 있던 것으로 보인다.

왕위를 이을 세제가 왕 주위의 몇몇 환관들 때문에 물러나겠다는 말이 나왔으니 기막힌 일이 아닐 수 없다. 금은 저사의 자리를 물러나겠다는 뜻을 굽히지 않고, 궁관들은 이를 만류하는 가운데 이날의 시간은 아무런 쓸모도 없이 흘러갔다. 그러다가 결론은 궁관들이 대신과 여러 관료를 만나 돌아가는 사태와 금의 생각을 전하기로 하면서 일단락된다. 그들이 짜낼 수 있는 거의 유일한 방안을 찾아낸 셈이었다.

그렇다면 금이 말한 심각한 일의 진상은 어떤 것인가? 그것은 요컨대 환관 박상검에 의해서 꾸며지고 있었다.

환관 박상검, 또다른 소용돌이의 눈

박상검은 나이가 어렸으나 왕의 특별한 신임을 받고 있었다. 같은 동료 환관인 장세상, 고봉헌, 송상옥도 그에게 밉보여 유배에 처해질 정도였다. 물론 이들에 대한 유배의 명은 왕인 윤으로부터 나온 것이지만 박상검에 대한 그의 신임이 얼마나 컸던가를 보여주는 일이 아닐 수 없다. 같은 환관이라고 해도 박상검은 자신의 심복 환관을 두고 세도를 부릴 정도였다. 말하자면 그는 실세 환관 노릇을 톡톡히 하고 있었던 셈이다.

이러한 박상검이 세제인 금을 미워하면서 윤과의 사이를 이간시키려는 음모를 꾸미고 있으니 이것이 문제였다. 그가 금을 노골적으로 미워하게 된 것은 이해관계에 따른 감정 때문이었다. 박상검이 김일경이며 궁녀들과 결탁하여 나랏일을 그르칠 조짐이 보인다고 생각되자 금은 이를 윤의 장인인 부원군 어유귀에게 서신으로 알린 바 있다. 이후 그의 주선으로 형수인 왕비(경종의 계비인 선의왕후)를 만나고 이어 형인 윤을 만날 수 있었다. 이 자리에서 금은 박상검의 좋지 않은 행태를 여러모로 아뢰면서 환관의 적籍에서 그를 빼내도록 진언하였다. 윤도 이를 듣고 놀라면서 알겠노라고 했지만 박상검을 궁에서 내보내지는 않았는데, 이것이 문제였다.

세제인 금이 자신에게 이롭지 않은 말을 왕에게 올린 사실을 알게 되자 박상검은 곧 여러 가지로 보복에 나섰다. 『경종수정실록』 2년 1월 6일(임진)자 기록에 의하면 박상검은 금에게 말 못할 행패를 부린 것으로 기록되어 있다. 금이 세제로서 매일 왕에게 문안을 드리려면 박상검이 여닫는 청휘문淸暉門을 지나야 한다. 박상검으로서는 세제가 드나드는 시간에 맞추어 문을 잘 여닫아야 할 것이다. 그런데 그는 어느 날 문을 늦게 열어 금의 노여움을 사게 되었다.

"문 열어라, 문 열어."

이렇게 몇 번이나 금이 외친 뒤에야 나와서 문을 열었으니 당장 무슨 처벌을 받더라도 그로서는 할 말이 없을 지경이다. 기록에는 나와 있지 않지만, 아마도 금은 박상검에게 불호령을 내렸을 게 분명하다. 당장 처벌을 하고 싶은 마음도 있었을 법하다. 하지만 왕이 총애하는 환관을 금으로서는 마음대로 처벌할 입장이 못 된다. 법과 제도에도 한계가 있다는 것을 금은 절감할 수밖에 없었다. 이 일을 계기로 박상검은 금에게 더욱 적대적인 태도를 지니게 된다. 금에 의한 뒷날의 후환을 두려워하는 마음이 생기고 자신의 생존을 위해 엉뚱한 생각을 하게 된다. 금을 제거하기로 마음먹은 것이다.

환관의 신분에 감히 세제를 제거한다는 것은 언뜻 납득이 가지 않을 수 있다. 그러나 사람이란 생각을 담아내는 국량과 자신의 처지, 그리고 잘못된 판단에 의해 얼마든지 엉뚱한 일을 생각해낼 수 있는 것도 사실이다. 환관 박상검은 아주 경박한 인간이었다. 왕의 신임이 두터움을 믿고 일을 꾸며서 세제를 제거할 수 있다고 보았다. 금이 왕이 된 뒤에 박상검을 언급할 때마다 입버릇처럼 '요망'하다는 말을 한 것으로 미루어보더라도 능히 그럴 만한 위인이었다. 그로서는 훗날 왕이 된 금으로부터의 처벌이 두려웠다. 심하면 죽임을 당할 수 있고, 가볍더라도 궁에서 쫓겨나 생계가 끊어지는 신세가 될 처지다. 어느 경우나 그로서는 미연에 방지해야 할 일이 아닐 수 없다. 그 방법이 무엇이겠는가? 세제를 제거하는 것 외에 다른 확실한 방법이 없다고 생각하기에 이른 것이다.

이를 위해 그는 우선 왕을 지척에서 모시는 석렬, 필정 등 두 나인內人과 가까이 지냈다. 이즈음 왕은 걸핏하면 화를 내면서 환관들을 내쫓거나 처벌하는 일이 잦았다. 특별한 신임을 받고 있지만 이런 상황에서는 박상검도 안심할 처지가 못 된다. 이 때문에 그는 이들을 통해 왕에게 더 잘 보임으로써 자신의 입지를 요지부동의 것으로 만들고자 했다. 그는 이들 나인과 수시로 글을 주고받으며 왕의 동정을 살폈다. 그렇게 해서 왕의 신임을 계속 얻는 한편 왕과 세제 사이를 이간하는 데 필요한 정보도 빼내고자 했다. 박상검은 필정 등의 궁녀를 통해 금이 왕을 만날 때 그를 감시하고 통제하는 일까지 했다. 어느 날 금이 문안차 들어갔을 때 윤은 어유귀가 자신에게 보낸 글을 보고자 했다. 금이 보낸 얼마 전의 서신에 대한 어유귀의 답변서를 읽어보려 한 것이다. 금은 그 글을 올린 후 이렇게 말하였다.

"신이 이 글을 드리는 것은 다른 뜻이 없음을 밝히고자 하는 것뿐이니 보신 후 되돌려주시기를 바랍니다."

그 글에는 박상검과 궁녀들에 관한 일들이 적혀 있었으므로 만일의 경우 그들이 볼 것을 염려하여 되돌려받고자 한 것이다. 그러자 옆에 있던 궁녀(아마 석렬이나 필정이었을 것이다)가 쏘아붙이듯 말을 하였다.

"무엇을 하려고 억지로 되돌려받으려고 합니까? 어서 물러가시오."

박상검과 자신들에게 불리한 말이 그 글 속에 있다고 보아 이처럼 쌀쌀맞게 대한 것이다. 그렇더라도 일개 궁녀가 세제에게 하는 말치고는 너무 방자하다. 금에 대한 적대감. 그리고 천한 무수리 출신의 세자라는 데 대한 멸시감이 그런 말을 나오게 했을 것이다. 알게 모르게 온갖 기류를 타고 흐르는 언어의 묘한 작용이 느껴지는 말이다.

얼마 후에 박상검은 대궐 안에 여우가 들어왔다는 헛소문을 내고 이를 잡기 위한 함정을 만들거나 그물을 치면서 청휘문을 아예 폐쇄한다. 이 문을 통해 왕에게 문안을 드리는 금의 길을 가로막아버린 것이다. 이왕지사 사이가 틀어져버린 것, 적대감을 감출 필요도 없다고 보아 정면으로 금에게 선전포고를 하고 나선 꼴이다. 전대의 역사에 없던 희한한 일이 벌어지는 순간이었다.

이제 문안도 드릴 수 없게 되고, 그로 인해 왕인 윤의 노여움을 사 어떤 처벌을 받게 될는지 알 수 없는 위치에 금은 서고 말았다. 이제 만사가 끝났구나. 금은 치오르는 분노와 함께 위험이 박두해옴을 느꼈다.

소론 강경파 김일경에게 포섭된 박상검

『경종실록』에 의하면 박상검은 평안도 영변 사람으로 남인 심익창과 그의 아들 심정옥에게 배웠다고 한다. 한때 이곳의 부사를 지낸 김일경이 사촌 매부인 심익창과 가까이 지내면서 박상검도 이들 모임에 참석하는 일이 있었다. 나이로 치면 박상검은 김일경보다 40여 년이나 아래이다. 게다가 부사와 일반 백성이라는 신분상의 차이로 보더라도 그저 인사 정도나 받고 끝날 만한 사이다. 그런데도 두 사람은 아주 가깝게 지내는 관계로 되었는데, 그 이유는 지금도 궁금증을 불러일으킨다.

박상검이 선천적으로 성불구자였는지의 여부는 알 수 없다. 환관의 양자로 들어갔다는 얘기도 있고 보면 후천적인 요인에 의해서 그렇게 되었을 법도 하다. 여하간 그는 환관이 될 수 있는 신체적 요건을 갖추고 있었던 것이 분명하다. 아마도 김일경은 박상검의 이러한 점에 착안하여 이용해볼 생각을 했을지도 모른다. 그렇다면 그가 궁중의 환관으로 들어갈 수 있었던 데에는 아마도 김일경의 지원이 있지 않았을까? 이게 사실이라면 그는 김일경의 은혜에 감사해하며 그의 뜻을 추종하는 방향으로 움직이고자 했을 것이다. 환관의 신분이므로 정치에 무관해야 할 그였다. 그렇지만 김일경을 추종하는 입장에서 그는 남인이면서도 소론과 더욱 뜻을 같이하게 되었다.

박상검은 영리하고 친화력도 뛰어나 사람들의 호감을 샀다. 왕인윤에게 사랑을 받으면서 동료 환관들을 내쫓을 수 있었다는 사실이 그것을 단적으로 입증해준다. 그는 다른 환관들보다 지식수준이 높았고 문장에도 능했다. 상소에 대한 왕의 비답과 비망기를 작성하는 데 다른 환관들이 무슨 글자를 써야 할지 몰라 쩔쩔 맬 때면 그가 옆에서 지도해줄 정도였다.

그는 왕의 건강이 악화되어 제대로 정무를 보지 못하는 등의 기회를 이용하여 세제를 제거할 연구를 했던 것으로 보인다. 그렇지 않아도 왕은 실어증 때문에 정상적인 문답을 함에 있어 어려움을 겪는 일이 적지 않은 편이다. 신하들을 만나 직접 말로 하기보다 비망기 등의 글로 지시를 내리는 경우가 많은 것도 그 때문이다. 이러한 사실은 글을 잘하는 박상검이 농간을 부리기에 좋은 여건이었다. 실제로 그는 왕의 거짓 교지를 소매 속에 넣고 다니기도 했다. 내용은 확실히 알 수 없지만, 세제에게 결정적인 타격을 가할 만한 내용이었을 것으로 짐작된다.

일개 환관으로서는 감히 상상하기도 어려운 박상검의 이러한 거조는 그의 경망스러운 성격이 시키는 것이었다. 그의 눈에는 문답도 제대로 하지 못하는 왕이 우습게 보였을 법하다. 왕은 신하들이 무슨 얘기를 하면 그대로 받아들이는 경우가 대부분이었다. 길게 말하려면 힘이 드니 그렇게 대할 수밖에 없다. 그런 만큼 박상검은 적당히 둘러대면 자신의 방자한 행동도 그대로 넘어갈 수 있으리라고 생각했을 것이다. 세제를 제거하는 데 결정적인 왕의 거짓 교지를 만드는 일도 그래서 시도해볼 만한 일로 자신했을 수 있다.

그는 일찍부터 금을 여러모로 탐색해보는 행동을 서슴지 않았다. 부왕인 숙종이 승하하던 해에 장희빈의 사사와 관련해 구속된 사람들을 석방하는 논의가 떠들썩하게 벌어졌을 때였다. 파당에 따라 의견은 정반대로 갈렸는데, 이 자리에 있던 금에게 박상검은 이런 말을 하였다.

"어찌하여 성상께서 빨리 (논의를) 그치고 번독(너저분하고 번잡한 것)하지 말라고 하지 않으실까요?"

금이 어느 당파에 호의를 가지고 있는가를 넌지시 알아보려는 술책이었다. 일개 환관으로서는 주제넘은 짓이고, 정부 안의 파당에 그가 연계되어 있음을 은연중 알리는 말이었다. 금이 그것을 모를 리 없다. 그러나 짐짓 눈을 감고 아무것도 모르는 체하여 그를 속였다. 박상검은 이러한 금을 어수룩한 사람으로 생각하고 만만하게 본 듯싶다. 이외에도 그는 사람을 시켜 세자가 된 금에게 남인과 소론에 속한 이들을 쓸 수 있는지 의견을 구한 적도 있다. 노론에 편당하지 말라는 일종의 협박이었다. 또 금을 위한 상소를 왕에게 올렸다는 말을 전함으로써 자신의 힘을 은근히 과시하기도 하였다. 어디로 보나 윤과 금 사이에서 그는 무슨 일이든 저지를 수 있는 인간이었다.

　소론의 한 분자가 되다시피 한 박상검에게 금은 당파성에서도 호감을 가지기 어려운 존재였다. 세제인 금이 노론의 지지를 받고 있었기 때문이다. 그의 입장에서 노론은 자신의 정신적 상전인 김일경과 대립각을 세우는 파당이다. 자신을 아끼고 사랑해주는 왕을 내쫓으려고 음모(금에게 대리청정을 맡기려고 한 일)를 꾸민 자들이기도 하다. 그렇다면 자신의 개인적 과오로 인한 후환의 여부를 떠나서라도 세제의 집권은 막아야 한다. 그것은 곧 노론의 세상을 가져오는 것이고, 자신의 몰락을 불러오는 것이기도 하다. 그로서는 어디로 보나 금을 제거해야 할 이유가 있다고 확신했을 것이다. 이러한 그의 생각은 노론의 일망타진을 목표로 하는 김일경의 정치적 구상과도 결과에 있어 합치되는 것이었음이 주목된다. 김일경은 여러모로 박상검을 사주하여 금의 제거를 꾀한 것이 확실하다.

'박상검이 청휘문을 막아 금이 윤에게 문안드리지 못하도록 한 것'
'이에 금이 박상검의 맹랑한 행위를 지적하며 윤에게 사실을 알린 것'
'그리하여 윤이 그들을 잡아들이도록 명했다가 이를 취소하게 된 일'

이 모든 사태 뒤에는 김일경이 있었다. 이러한 상황이어서 금은 마침내 궁관들에게 자신의 입장을 설명하고 저사의 지위에서 물러나고자 한 것이다. 그가 얼마나 위기감을 느꼈는지는 김동필 등의 궁관들이 이 사실을 대신들에게 알릴 것을 주장한 데 대한 반응에서도 나타난다. 그들의 주장을 받아들이기보다 굳이 물러가려는 고집만 세웠던 것이다. 잘못하다가 오히려 박상검 등이 왕의 위세를 업고 반격해오지 않을까 두려워한 모양이다. 그러나 결국 김동필 등의 건의에 따라 이튿날(경종 원년 12월 23일) 대신들에게 말을 전하기로 했는데, 이것이 사태의 해결을 가져다주었다.

위태로운 우정 혹은 애정 어린 견제

금이 저사의 지위를 사퇴하고자 한다는 말을 전해들은 신하들—영의정 조태구, 우의정 최석항, 이조판서 심단 등—은 깜짝 놀랐다. 금이 말한 자초지종의 사정을 그들은 모르고 있었던 것이다. 이것은 작은 일이 아니었다. 중국의 한대·명대에나 있었던 환관들의 횡포가 이 땅에서도 있게 되는 것인가 싶어 경악하는 마음이 될 수밖에 없았다. 한대에는 전후한前後漢을 가릴 것 없이 환관이 정치를 좌지우지하면서 국정을 어지럽혀 결국 나라가 멸망하고 말았다. 또 명대에는 왕진, 유근, 위충현 등 환관들이 실권을 잡고 황제들을 꼭두각시로 만들기도 하였다.

중국에서의 이러한 환란이 혹시 이 나라에서도 일어나는 것이 아닌가. 그렇게 되면 많은 선량한 신하들이 죽임을 당하는 등 나라는 그야말로 위기에 처할지 모른다. 조태구 등의 신하들은 놀라고 긴장하지 않을 수 없었다. 이에 곧 진수당에서 왕을 입대하여 돌아가며 아뢴다. 조태구는 환관들의 요망한 짓거리로 인해 금이 문안과 수라상을 돌보는 임무도 하지 못하게 된 일로 말을 시작했다. 아울러 그러한데도 윤이 그들을 처벌하지 않는 잘못을 지적하면서 다음과 같이 말했다.

"옛사람들은 환관을 가노家奴에 비유하였습니다. 개인 집의 일로 시험 삼아본다면 종의 말을 듣고 믿어서 형제간에 화목하지 못하다고 한다면 그 집안이 흥하겠습니까, 망하겠습니까? 전하께서는 어찌하여 한 명의 어린 종(박상검)만을 사랑하고, (잘못이 있는) 그를 곧바로 국문하여 동궁의 마음을 위로하는 일은 하지 않으십니까?"

최석항도 옛적부터 성스러운 임금은 효도와 우애를 근본으로 하지 않은 경우가 없었다면서 환관들의 처벌을 주장하였다.

"새로이 저사를 세워서 나라의 근본이 정해졌는데, 한두 명의 환관놈들이 감히 (전하와 사이를) 이간질하여 춘궁(春宮)을 불안하게 만들었습니다. 춘궁의 마음이 불안하면 하늘에 계신 선대왕의 혼령이 어찌 슬퍼하지 않겠으며, 자전의 자애로운 마음에 또한 어찌 근심이 없으시겠습니까?"

그러면서 한시 바삐 국청을 설치하여 환관들을 엄중히 심문한 뒤에 사형에 처할 것을 건의하였다. 심단은 여기서 한 걸음 더 나아가 국문할 필요도 없이 바로 사형에 처할 것을 주장했는데, 주위 신하들의 의견도 대체로 이와 다르지 않았다. 이 자리에는 김일경도 참석해 있었지만, 그는 아무런 발언도 하지 않았다. 외형상으로 본다면 그는 박상검 등에 대한 사형에 동의하는 것처럼 보였다. 물론 그의 내심은 이와 달랐을 텐데, 어찌된 일인지 왕도 환관들에 대한 처벌에 응하는 눈치가 아니었다. 신하들의 간청에도 불구하고 왕인 윤은 아무런 대답이 없었던 것이다. 왜 그랬을까? 말을 얼른 담아내기 어려운 예의 그 실어증 때문인가? 아니면 은연중 금에게 쌓아둔 감정의 앙금 때문인가?

감정의 앙금으로 말하자면 윤으로서는 그럴 근거가 없는 것도 아니다. 세자를 정하는 것이나 대리청정을 집요하게 요구했던 노론 신하들의 배후에 아우 금이 있었다고 볼 이유가 그에게는 없지 않다. 겉으로야 아무런 내색이 없었고 오히려 지극한 우애의 표시만 있었다. 그러나 속마음까지 완전히 그랬었는지는 알 수 없는 일이다. 박상검 등 윤 주위의 환관들이 세제를 비방하면서 윤의 생각을 그런 방향으로 몰아갔을 수도 있다. 이런저런 마음의 병 증세로 실권을 금에게 내주고 편히 쉬고 싶었던 게 윤의 진심이기는 했다. 그렇더라도 자신에게 세제의 대리청정을 강박하며 달려들었던 노론들의 태도는 윤의 마음을 몹시 불쾌하게 만드는 것이었다.

말을 확확 하지 못해서 그렇지 윤이 결코 둔감한 것은 아니다. 오히려 머리 돌아가는 데 있어서는 명민하고 사려도 깊은 데가 있다. 그로서는 자신에 대한 노론들의 태도에 불쾌감이 느껴질수록 금에 대한 은연중의 감정이 쌓여갈 수도 있었다. 그런 건 이미 지나간 일이 아니냐고 해봐도 소용없는 일이다. 감정의 찌꺼기는 시간과 상관없이 때로 불쑥불쑥 솟아오르지 않던가. 소위 이성이라는 것도 감정 앞에서는 맥을 못 추는 경우가 또 얼마나 많은가.

"적발하여 정법하라."

환관들의 처벌을 요구하는 신하들에게도 왕의 무응답은 금에 대한 유감에서 비롯된 것으로 받아들여졌다. 그리고 그 원인을 신하들은 아우에 대한 우애의 부족에서 찾았다. 교리 윤순이 중국의 고사를 들어 환관으로 인한 국정의 폐단을 누누이 아뢰고 난 뒤 조태구가 울면서 한 말에서도 그 점이 드러난다.

"전하께서 평소 동기간에 우애의 정을 극진히 하셨다면 환관배가 어찌 감히 틈을 엿보아 이런 망측한 변을 만들어낼 수 있겠습니까? 세제가 편안한 후라야 전하께서도 편안하시고, 전하께서 편안하신 후에야 종사도 편안할 수 있는 것입니다. 저 환관들이 이처럼 춘궁에게 불순하니 어찌 저들이 전하에게 충성을 바칠 리가 있겠습니까?"

이어서 그는 이번 일에는 실로 나라의 안위와 존망이 달렸다면서 속히 박상검 등에 대한 처벌을 내리도록 청하였다. 그러나 윤은 여전히 답이 없었다. 계속 환관배의 처벌을 명하지 않은 것을 보면 그 이유를 실어증 때문이라고만 하기는 어려울 것 같다. 오랫동안 옆에 두고 부려온 박상검 등을 아끼는 마음에서 그러는 것일 수도 있다. 만일 그것이 아니라면 금에게 나름대로 섭섭한 감정을 가지고 있었던 탓으로 보이기도 한다. 적어도 그렇게 보일 만한 행동을 그가 하고 있는 것이다. 그러자 예조판서인 이조가 나서서 한마디 하였다.

"여러 신하가 이처럼 극력 청하니 '적발하여 사형에 처하라'고 하고 하시는 것이 어떻겠습니까?"

박상검 등의 처벌을 거듭 청하는 말임은 물론이다. 왕의 실어증을 감안하여 구체적인 지시의 내용까지 언급하고 있다는 느낌을 준다. 이조의 간곡한 요청에 왕인 윤은 무어라고 입을 놀려 말을 하였으나 분명치가 않았다. 말이 뜻대로 되지를 않은 모양이다. 아니면 내키지 않는 말이라 소리가 아주 작았을 수도 있겠다. 아마도 후자일 가능성이 커 보이지만, 신하들은 모처럼만에 나온 왕의 말을 놓치지 않으려 했다. 조태구가 다시 확실하게 말씀해주실 것을 청한 이유도 그 때문이다.

"소신은 청형聽熒(가는 귀가 먹어 잘 듣지를 못하는 것)이라, 원컨대 분명한 옥음을 듣고자 하옵니다."

이에 왕은 좀더 큰 소리로 말하였다.

"적발하여 정법正法(사형)하라."

이조가 한 말을 그대로 읊어낸 셈이나 어쨌든 그것은 왕의 명령이었다. 잔뜩 힘을 주어 하는 말이라 혹시 실제로는 더듬거렸을 수도 있다. 그렇더라도 명령의 권위에 무슨 손상이 갈 이유는 없다. 조태구 등 신하들은 반가운 마음에 새삼 일어나 절을 드렸다. 그러고는 세제의 마음을 위로하고 앞으로 두 분이 좀더 화락하게 지내시어 이간이 없도록 하시라는 진언을 드린다.
"알았소."
윤도 여기에는 선선하게 답하여 일은 잘 해결되었다. 그로서는 참으로 하기 어려운 결정을 내린 셈이다.

이번 일이 있기 전에는 윤과 금 사이에 틈이 있었다고 보기 어렵다. 그런데 박상검 등이 윤의 옆에서 쏘삭이면서 둘 사이는 멀어진 감이 있었다. 이러한 사실은 이날 조태구 등이 대비전에 들러 문안을 드렸을 때도 나왔었다. 그때 대비는 언서諺書(한글로 쓰여진 글)로 이런 말을 했었다.

> "선왕의 혈속으로는 오직 대전(왕)과 춘궁뿐인데, 저사를 책봉하여 세운 후 양궁이 아주 화협했소. 그런데 중인中人(환관)과 나인들이 은밀하게 일을 꾸미는 것으로 인해 세제가 장차 헤아리기 어려운 지경에 빠지게 되었으니, 선왕이 주신 '연잉군'이라는 작호에 의해 궁 밖으로 나갈 수 있도록 하오."

대비로서는 금을 보호하고자 하는 마음에서 한 말이다. 왕과 세제 사이가 화목했는데, 박상검과 필정 등에 의해 소원해진 사실을 알기에 이런 말을 했던 것이다. 대비에 따르면 필정과 석렬은 왕과 대비가 그들을 불러 행동을 조심하도록 타일러도 오히려 반발하는 자세를 보일 정도였다. 윤이 왕으로서 탄탄해 보이지를 못하니 나인들도 겁 없는 태도를 보이고 있는 것이다. 당연히 박상검 등과 함께 이들도 처벌하지 않을 수 없었다. 이에 대한 대비의 지시가 있었고, 왕도 같은 뜻을 보이자 두 나인에 대한 처벌도 불가피해졌다.

세제를 보호하기 위해 금을 궁 밖으로 옮기라고 했던 대비의 지시는 이때쯤 취소되었다. 신하들의 건의를 받아들인 결과였다. 이제 음모를 꾸민 자들에 대한 처벌이 확정되었으니 사태는 일단락된 셈이었다. 세제인 금으로서는 위기를 벗어난 것이 확실하다.

그런데도 그는 아직 마음이 울울하여 그저 저사의 지위를 물러나고 싶은 생각뿐이었다. 삼사三司(홍문관, 사헌부, 사간원)에서 세제를 중히 여기시고 천륜의 정을 돈독히 하시라고 왕에게 간곡한 진계를 올린 것을 알았지만 마음은 마찬가지였다. 조태구 등 여러 신하들이 위로 차 그를 찾았을 때도 금의 이런 마음에는 변함이 없었다.

"형제가 진실로 능히 화락하다면 부모가 어찌 흔연히 기뻐하는 마음이 없겠습니까? 성상에게 저하는 혈육으로야 형제지만, 저사가 되신 후에는 부모의 의리가 있는데, 어찌하여 성상의 뜻을 체득하여 자성慈聖(대비)을 위로하고 기쁘게 하는 도리를 다하지 않으십니까?"

그래도 금은 듣지 않는다.

"소자小子가 외정外廷을 번거롭게 하는 것이 미안함을 알지 못하는 것이 아니요. 그런데도 이를 해서 스스로 그만두려는 뜻을 보였으니 불충, 불효한 죄는 면할 수 없게 되었소."

그러니 물러가야 한다는 말인 것이다. 자책성 사의辭意라고 할 수 있겠다. 앞으로도 닥칠지 모를 저사로서의 위험을 그는 심각하게 우려하며 이런 말을 하고 있는 게 틀림없다. 그러나 저사의 지위는 쉽게 물러갈 수 있는 자리도 아니었다. 결국 금은 자신의 고집을 꺾는 외에 방법이 없었다. 세자시강원 소속의 설서設書 송인명이 다시금 효경의 도리를 다할 뿐이라고 간곡하게 설득하자 태도를 바꾼 것이다.

금은 비교적 고집이 센 편이다. 감정의 기복에 따라 이리저리 금방 달라질 성격 같지도 않다. 그러나 자신이 잘못되었다고 생각하면 고칠 줄도 알았다. 이는 자신이 하는 일에 잘못이 없다고 확신하는 경우 그의 고집은 요지부동일 가능성을 거꾸로 말해준다. 그가 훗날 왕이 되어 탕평책을 굳건하게 지켜나간 것은 이러한 성격과 무관할 수 없을 것이다. 형 윤을 평생 마음속에 모시고 산 것도 근원은 여기에 있다고 말할 수 있겠다.

박상검 등과 관련된 사건은 다음해 1월 들어 모두 일단락되었다. 나인 석렬과 필정이 자살하고, 문유도에 이어 박상검도 사형을 받아 죽었다. 이 모두가 윤의 결단에 의한 것임은 물론이다. 이들 환관은 윤이 수족처럼 부리던 사람들이다. 특히 박상검의 경우는 그가 특별히 신임하고 일을 시키던 인물이다. 왕과 환관이라는 사이를 떠나 이런저런 정도 들었다. 윤으로서는 그를 처형하는 일이 쉽지 않았을 것이다. 그러나 어쩌겠는가. 세제인 아우가 중하고 나라가 중하며 법도 살려내야만 한다. 왕으로서 윤은 결국 굳은 결심을 하고 이들을 죽여야 했던 것이다.

　예측하기 어려운 게 인간 사이의 관계다. 금이 처음 세제가 되어 궁으로 들어왔을 때 박상검은 그에게 아첨하며 달라붙으려고 하였다. 미래의 왕에게 잘 보이고 싶었던 때문일 것이다. 금도 그에게 호감을 가졌던 게 사실이다. 그런데 둘 사이는 결국 틀어지면서 박상검은 불과 스물한 살에 형벌을 받고 죽었다.

또다른 모략

목호룡의 고변

금은 이제 정상적으로 세제로서의 일을 할 수 있게 되었다. 형 윤에게 문안을 드렸고, 수라를 살피는 일도 가능해졌다. 불안과 근심은 가고 이제 그는 편안한 마음으로 살게 되었다. 윤도 마찬가지였다. 노론이 숙청되고 소론이 대거 정부에 포진하면서 그는 마음이 편안해진 듯싶다. 자신과 금을 이간시키던 환관들도 제거된 상태이다. 인의 장막이 사라진 것이다. 이로 인해 형제 사이에 커뮤니케이션이 원활해진 것도 그에게 편안함을 주었으리라.

일에서도 윤은 이즈음 자신감이 솟구치는 모습을 보이고 있다. 결재해야 할 문제에 대하여 평소와 달리 척척 결정을 내렸고, 신하들과의 응답에서도 적극적인 태도를 보이며 지시를 내렸다. 항상 보이던 실어증도 까마득하게 어디론가 보내버린 듯했다. 어려운 일을 처리한 뒤에 오는 자신감과 고양감이 그를 지배하고 있었다.

목효룡이 터뜨린 경종 시해 기도

그러나 윤의 심리적 고양 기간은 길지 않았다. 얼마 지나지 않아 그는 침체된 예전의 모습으로 되돌아갔다. 결재 서류는 다시 쌓여갔고 그로 인해 신하들 중에는 관련된 일이 제때 진행되지 않음을 걱정하는 경우도 생겨났다. 커다란 책임과 권력이 수반되는 자리가 제 기능을 하지 못하면 국가사회는 물론 당사자 자신에게도 결국은 좋지 않은 일이 생기게 마련이다. 자리를 넘보는 자가 있게 되거나 그런 일을 허위로 꾸며 이득을 보려는 자도 나타날 수 있다. 전자가 쿠데타의 기도로 나타난다면 후자는 흔히 정치성의 음모로 만들어지는 경우가 많다.

그런데 윤의 재위 2년 3월에 일어난 이른바 '목호룡의 고변' 사건은 바로 후자에 해당된다. 그것은 소론이 노론을 일망타진하기 위한 음모였지만, 세제인 금을 제거하려는 의도도 포함되어 있었다. 금을 노론의 심장부에 해당되는 인물로 보고 해를 가하고자 한 것이다. 목호룡을 배후에서 움직인 인물은 김일경이었다. 그는 노론에 의한 거짓 역모사건을 만들어냈고, 목호룡으로 하여금 이를 당국에 고발토록 하였다.

목호룡은 낮은 신분(그는 왕족인 청릉군 집의 노예였다고 한다)으로 남인에 속하면서도 노론들과 왕래가 많았고(그는 노론에서 남인으로 전향한 인물로 알려져 있다), 일찍부터 김일경은 물론 환관 박상검과도 친밀한 사이였다. 같은 당파가 아니면 좀처럼 교유를 하지 않던 당시의 세태에 비추어보면 그는 좀 특이한 인물이라고 할 수 있겠다. 풍수지리를 배워 양반들과의 교유는 물론 사교의 폭이 넓고 누구이든 상관없이 두루 무난하게 사귈 수 있었던 사람이었던 듯하다.

금을 해치고자 하는 점에서 목호룡, 박상검, 김일경 세 사람은 공통된 입장에 있었다. 이에 금을 제거하려던 박상검의 기도를 목호룡과 김일경도 은근히 후원했지만, 그 일은 실패로 끝나고 말았다. 노론의 완전 타도를 바라던 두 사람에게 그것은 물론 커다란 좌절을 안겨주었다. 그들이 그쯤에서 마음을 고쳐먹었다면 역사는 좀더 간단해질 수 있었겠지만, 현실은 반대였다. 둘은 힘을 내서 다른 계획을

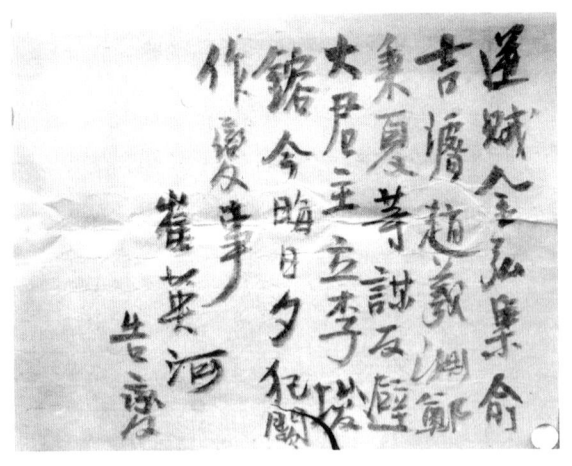

고변 상소. 조선시대를 뒤흔든 대옥사에는 이러한 고변 상소가 종종 동반되었다. 주로 역적모의를 고발하는 내용을 담았다. 목호룡의 고변도 노론이 왕을 시해하려고 기도했다는 내용이었다. 사진은 고종 재위 시 최영하가 김홍집의 모반 내용을 담은 것이다. 좌측 하단에 고변이라는 글자가 뚜렷하게 보인다.

세워 나갔다. 목호룡이 노론과 한때 광범하게 왕래가 있었던 일을 이용하여 그럴듯한 역모사건을 조작해냈다. 그리고 곧 그 각본대로 당국에 고변을 하였다. 여기서 목호룡은 자신도 처음에는 이 사건에 참여하였다가 중도에 마음을 바꾸어 당국에 고변하게 된 것으로 진술하고 있다.

지금 이 사건을 기록하고 있는 『경종실록』 권6~7(2년 3~4월)과 『경종수정실록』 권3의 내용을 보면 누가 보더라도 일견 그럴싸해 보인다. 목호룡이 고발된 혐의자들과 만난 일을 내세우며 사실관계를 검증하고 있기 때문이다. 대질심문 과정에서도 그는 아주 자신만만하고 당당하다. 그러나 좀더 자세히 들여다보면, 나중에 사관도 지적하고 있듯이 사소한 개인적 일들을 가지고 침소봉대하거나 조작해낸 데 지나지 않는다. 혐의자들은 대부분 사실 무근이라고 항변했지만, 혹독한 고문을 받다가 죽는 등 사건의 실체는 제대로 밝혀지지 않는다.

목호룡의 고변이 노리는 일차 목표는 세제의 대리청정을 주장한 김창집, 이이명, 조태채, 이건명을 비롯한 노론의 지도급 인사들이었다. 이들은 제각기 유배 중이었지만, 이 사건과 연계된 것으로 만들어 죽이고자 했다. 노론의 적극적 지지를 받고 있는 세제도 목호룡 등의 이러한 목표에서 벗어나 있지 않았다. 따라서 금 또한 이 사건에 연루된 것으로 꾸며졌다. 그의 처조카인 서덕수가 이 사건의 혐의자 중 한 사람으로 올려진 이유는 그 때문이다. 서덕수는 목호룡의 고변 이후 구속되어 계속 그 배후를 추궁받고 있었다.

사건의 주 내용은 혐의자들이 왕인 윤을 시해하는 것으로 되어 있다. 칼로 시해한다는 이른바 대급수大急手, 궁인을 시켜 독약으로 한다는 소급수小急手, 그리고 거짓 교지로 폐출시킨다는 평지수平地手를 기도했다는 것이다. 여기서 평지수로 알려진 마지막 계획은 숙종이 남긴 일종의 유언장에 의해 당시 세자였던 윤의 왕위 계승을 저지한다는 의미이다. 그러니 이대로라면 그들의 음모 내용은 아주 오래 전까지 거슬러 올라가 꾸며지는 게 된다.

또다시 금을 보호하는 윤

목의 고변에 의하면 혐의자들은 왕을 제거한 후 노론의 네 대신 중 한 명인 이이명을 즉위시키려 한 것으로 되어 있기도 하다. 말하자면 역성혁명의 단계까지 모의했다는 뜻이다. 물론 이는 억지로 만든 것이지만, 그들이 더욱 노린 목표는 세제인 금이었던 것으로 보인다. 금의 처족 인척인 서덕수를 음모자의 일원으로 등장시키고 있는 점도 그렇거니와 목호룡의 진술 내용에서도 이 점을 엿볼 수 있다. 그는 소위 역모사건으로 고변된 이 사건의 당사자 중 하나인 김성행(영의정을 지낸 김창집의 손자)이 지난날 금을 저사로 세운 공로가 자신에게 있다는 식의 말을 한 것으로 전하고 있다. 이 말은 그야말로 간단치가 않은 내용이다. 금이 애초부터 역모 세력의 의도 안에 있었고, 그 결과 이번의 역모사건과도 관련이 있는 것처럼 생각되게 하는 말이기 때문이다.

위험한 내용은 여기서 그치지 않는다. 금이 마침내 정국을 뒤집어엎고 남인을 다시 불러들이겠다고 말한 것으로 조작까지 하고 있다. 여기에다 목호룡은 "(정권을 잡으려는) 동궁의 마음을 환히 안다"는 말까지 하고 있는 실정이다. 어떻게 해서든 금을 역모사건에 연루시키려는 음모가 아닐 수 없다. 목호룡은 윤에 대하여 불만을 품은 노론의 여러 인물들, 예컨대 김용택(이이명의 사위), 이천기, 김성행, 이기지 등과 어울린 일을 가지고 적당히 내용을 꾸며냈다. 실제의 일을 근거로 이리저리 변조, 확대하여 혐의를 뒤집어씌우면서 금까지 얽어매기에 이른 것이다. 전하는 바에 따르면 목호룡은 금의 생모인 숙빈 최씨의 묘지를 정해준 인물이라고 한다. 이러한 그가 이제 금을 사건에 끌어들이고 있다. 누구라도 금을 의심하기에 더할 수 없이 좋은 양상이 아닐 수 없다.

조태구, 최석항 등 국청鞠廳(범죄인을 심문하기 위하여 설치된 임시기관)을 주도하는 관원들은 금의 연루 사실을 언급한 목호룡의 진술을 듣고는 깜짝 놀랐다. 너무나도 엄청난 일이었으므로 아예 심문 기록에서 삭제하기까지 하였다. 삭제는 신하들의 요청에 따라 왕인 윤이 내린 결정이다. 그로서도 놀라고 의심쩍어하는 마음이 없지는 않았을 듯하다. 아우 금에 대한 믿음과 의심 사이에서 한동안 그는 방황했을 게 틀림없다. 결국에는 그러나 믿음 쪽으로 마음을 돌리면서 아우에게 불리한 내용을 삭제토록 한 것이다.

목호룡의 진술에서 자신과 관련된 내용이 나왔을 때 금은 그야말로 불안한 마음을 감추기 어려웠다. 겉으로 목호룡은 자신의 고변이 동궁인 금을 위한 것이라고 했다. 그러나 '(금의 사건 관여가) 왕을 화나게 했다'는 등의 말을 함으로써 사람들에게 금이 이 사건에 연루된 것처럼 느끼게 하였다. 금으로서는 그 말이 자신을 왕으로 추대하려는 것처럼 당국이 느끼게 하려는 의도적인 수작으로 보였다. 그리하여 임지로 향하는 관원들이 찾아와 인사를 하고 숙배단자肅拜單子(관원들이 인적 사항을 적어 아리는 것)를 올려도 받는 것을 마다한 채 당장 세자의 자리에서 물러나고자 하였다. 박상검의 음모를 당해 물러가려던 마음이 목호룡의 교묘한 술책으로 인해 다시금 그를 강하게 압박하고 있었던 법하다. 고비 때마다 거듭되는 그의 사퇴 표명을 지겹게 보는 사람도 있었을 법하다. 그러나 금에게 그것은 어찌할 수 없는 상태에서의 자구책이었다.

세제의 사퇴는 그야말로 나라에 중대한 일이 아닐 수 없다. 세제가 물러가면 왕의 유고 시 후계자가 없게 되는 셈이다. 그럴 경우 정국의 불안정은 불을 보듯 빤한 일이다. 결과적으로 민생에 엄청난 피해가 돌아갈 것도 충분히 예상된다. 이에 영의정 조태구와 우의정 최석항은 이날 3월 29일(갑인) 진수당에서 왕을 뵙게 되자 애써 세제의 입장을 두둔한다. 사태를 원만하게 수습하려는 의도였다.

조태구는 세제가 자리에서 물러가려고 한 자초지종을 설명하면서 중국 전한시대에 있었던 역사적 사실을 들어 선처할 것을 호소했다. 경제景帝에게는 같은 어머니에게서 태어난 동생 양왕梁王이 있었는데 반역의 음모를 꾸민 정상이 드러났다. 법대로 하면 당연히 죽여야 할 일이나, 그럴 경우 모후가 마음 아파할 일이 문제였다. 그런 까닭에 양왕 본인은 불문에 부친 채 그 주위의 몇몇 공모한 자들만 처벌하는 모양새로 일을 마무리 지었다. 그러니 조태구 등이 말한 취지는 이러한 사례에 비추어 (만에 하나 세제에게 역모 혐의가 있더라도) 처벌하지 말아야 한다는 것이었다.

윤과 금은 동복의 형제가 아니므로 섬겨야 할 같은 어머니가 있는 것은 물론 아니다. 허나 그들에게도 법상의 어머니인 대비는 생존해 있고, 금이 다칠 경우 그녀가 슬퍼하리라는 것은 명백했다. 이렇게 된다면 윤으로서는 대비에게 불효를 하는 셈이다. 그러니 효도를 위해 만약 금에게 참으로 죄가 있더라도 처벌해서는 안 된다는 게 조태구가 말하는 취지였다.

효도나 법, 우애는 모두 인간에게 필요한 규범이다. 그런데 조태구가 말하는 바에 의하면 여기서 가장 존중되어야 할 규범은 효도이다. 이것을 위해서는 법도 그대로 적용해서는 안 된다. 효도는 법 위에 존재하는 규범이라고 할 수 있다. 우애는 같은 규범이라고 해도 법 아래로 간다. 경제가 양왕을 죽이지 않은 사실은 바로 그런 점을 말해준다. 경제와 양왕 간의 우애 때문에 법에 의한 처벌을 하지 않은 것이 아니라 태후에 대한 효도를 위해서일 뿐이었다. 만일 태후가 살아 있지 않다면 양왕에 대한 우애만을 생각해서 법 집행을 유보할 이유는 없거나 매우 약해지고 만다.

 이러한 논지는 물론 금에 대하여도 그대로 적용될 수 있는 것이다. 만약 대비가 살아 있지 않다고 해보라. 금에게서 발견되는 죄를 모두 용서하라는 식의 말을 조태구는 하기 어려웠을 것이다. 요컨대 흔히 효제孝悌라고 하여 효도와 우애를 등가적 차원에서 말하고 있지만, 사실은 대단히 큰 차이가 있음을 이로써 알 수 있다. 조태구에 이어 최석항도 거드는 말을 하였다.

> "범죄인들의 심문과정에서 세제에게 불리한 말이 나오면 애초부터 조서에 올리지 마소서. 그리고 세제를 가까이 불러 위로하고 안심시키도록 하소서."

 그는 왕에게 간절히 아뢰었다. 조태구의 말과 같은 취지에서 나온 진언이라고 할 수 있겠다. 그런데 목호룡의 고변을 다루고 있는 윤의 입장을 생각해보자. 윤으로서는 이처럼 신하들이 금을 적극적으로 싸고도는 것도 의구심에 찬 눈으로 볼 만한 입장이다. 범죄인들의 입에서 금의 혐의가 나와도 그를 위로하고 안심시키라는 최석항의 말은 지나친 것이 아닐까? 윤의 입장에서는 충분히 그렇게 생각이 돌아갈 수 있다. 그럼에도 윤은 조태구, 최석항 등 신하들이 아뢰는 모든 말을 별 이의 없이 받아들였다. 믿음의 힘으로, 의심의 나락에 선 자신을 그는 바로 세울 수 있었던 것이 분명하다. 대비에 대한 효도 때문이라고 해도 깊고 넓은 마음을 가질 수 없다면 그렇게 되기는 쉬운 일이 아니다.

　이로써 일은 잘 해결된 셈이다. 금도 신하들의 요청에 따라 왕에게 올리려던 소를 취소하고 신하들의 숙배단자도 다시 들일 것을 허락하였다. 그로서는 커다란 위기에서 벗어나게 되었다. 자신을 도와주는 신하들이 고맙고, 형인 윤의 처사가 눈물 나도록 고마울 지경이었다.

간신히 지켜낸 우애

　금은 마음의 평온을 다시 찾았지만, 생각하면 얼마나 불안한 나날이었던가. 조태구 등이 왕에게 변명을 해주어 혐의를 벗어난 후에도 한동안 금은 서연을 열지 못했다. 혐의가 좀 풀렸다고 금방 세제 행세를 하는 듯 보일까 주저하는 마음이 들었던 것이다. 처조카인 서덕수가 김성택, 이기지 등 불온한 무리와 용납되기 어려운 모의를 한 흔적이 전혀 없지도 않았으니 더욱 그러했다. 그러나 이 문제도 조태구가 왕에게 아뢰어 서연을 열도록 하라는 지시를 얻음으로써 부담 없이 할 수 있게 되었다. 윤은 금에게 정신적으로 완전한 복권을 내려준 셈이었다.

　자신의 재위 5년째이던 해 8월 금이 신하들과의 면담 자리에서 회상한 바에 의하면 그는 이때 세자의 자리를 정말 내놓으려 한 듯하다. 대비와 윤을 만나 이렇게 아뢰었다고 한다.

> "차라리 제 마음을 깨끗하게 간직한 채 '연잉군'이라는 세 글자만으로 돌아가 (지하에 계신) 선왕을 뵙고자 합니다."

그러나 이미 보았듯이 그는 마음대로 물러갈 수 있는 몸도 아니다. 이미 정해진 세자의 지위는 그 누구도 쉽사리 변경시킬 수가 없다. 만일 폐세자를 하게 된다면 그것은 엄청난 파장을 각오해야 한다. 그를 빼고 세자의 자리를 이을 사람은 현실적으로 없다. 명분에서는 더욱이나 그런 형편이다. 그러니 금의 여러 번에 걸친 사퇴 의사 표명은 그의 진심과 상관없이 상당한 압력의 효과를 가질 수 있었다. 환관 박상검에게 모해를 받을 때 그는 세자의 자리에서 물러나고자 했다. 그리고 이번 목호룡 사건 때도 이를 되풀이하면서 압력의 효과를 누리고 있는 셈이다.

금의 행동을 윤이 그러한 차원에서 생각하지 못할 이유도 없다. 삐딱한 눈으로 보자면 얼마든지 그렇게 볼 수 있다. 그 결과는 불쾌감이나 미움으로 이어져 심하게 사이가 틀어질 수도 있겠다. 그러나 윤은 금의 말을 진심 그대로 받아들인다. 험난하기 짝이 없는 권력관계에서 우애의 덕목을 든든하게 지켜내고 있는 것이다.

교문教文의 의문

목호룡의 고변으로 인한 숙청의 회오리는 금의 재위 2년째이던 4월에 절정을 이루고 매듭지어진다. 사건에 연루된 것으로 기소된 인물들, 예컨대 김성행, 이기지 등이 사형을 당하면서 막을 내리게 되었다. 처벌은 결국 유배 가 있던 노론의 네 대신들, 즉 김창집, 이이명, 이건명, 조태채에게까지 미쳐 이들 모두 사약을 받거나 칼에 찔려 죽는다. 피해자가 총 170여 명, 그중 죽임을 당한 자가 50여 명이라고 하니 사건의 참혹함을 알 수 있다. 이것만 놓고 보면 엄청난 규모의 역모사건이라고 할 만하다. 따라서 목호룡은 물론 소위 역적으로 몰린 관련자들을 일망타진하는 데 조금이라도 기여한 사람은 모두 공신으로 삼는 것이 마땅하다. 그러나 공신으로 책록된 자는 목호룡 한 사람뿐이었다. 윤의 장인인 어유귀 등 몇 사람도 공신의 물망에 올랐으나 모두 한사코 이를 거부하였다. 사건의 내용이 진실이라면 이들이 왜 그 좋은 공신의 자리를 마다했겠는가.

왕인 윤이 이 사건의 진실된 내용을 얼마나 파악하고 있었는지는 알기 어렵다. 그러나 이 사건에 연루된 노론의 네 대신에 대한 처벌을 처음에 그가 주저했던 것은 확실하다. 사건의 내용에 대하여 조작 가능성을 다소 느끼고 있었던 게 아닌가 하는 생각을 가지게 하는 점이다. 그러나 결국 네 대신을 비롯하여 많은 혐의자들을 처벌한 후 태묘太廟에 이 사실을 고함과 더불어 윤은 교문을 반포한다. 중대한 일이므로 그 전말을 선왕들의 영전에 아뢰면서 국민들에게도 알리고자 한 것이다.

'집혈금장'과 '회인종부'

이 교문의 집필자는 제학으로 있던 김일경이 맡았다. 원래는 대제학인 조태억이 작성해야 하는데, 그가 이를 회피한 까닭에 김일경이 대신 썼다. 아마 조태억은 사건이 조작되었음을 알고 후환을 생각해서 의도적으로 피한 듯싶다. 김일경도 조태억에게 밀고 안 쓰면 그뿐이었으나, 무엇에든 나서기 좋아하는 성격이 이 일을 하도록 만들었다.

"천지 사이에서 용납하기 어려운 죄로는 난역이 가장 앞선다."

교문의 첫머리는 이런 말로 시작되고 있다. 이어 사건의 진상과 혐의자들의 처벌, 그에 따라 많은 백성들과 왕 자신이 누리게 되는 기쁨 등을 서술하고 있다. 언뜻 보면 이런 유의 글에서 흔히 볼 수 있는 형식으로 평범해 보일 정도이다. 그러나 자세히 살피면 중국의 고사를 자주 인용하는 가운데 문제가 될 만한 표현이 눈에 띈다. '접혈금정蝶血禁庭(궁중에 유혈이 낭자하다는 말)' 이란 표현은 그중에서도 가장 문제가 될 법한 말인데, 그 의미를 캐어보면 자못 심각한 바가 있다. 그 중대성을 알기 위해 이 말을 그 앞뒤로 있는 글과 함께 보면 다음과 같이 되어 있다.

'당혹수궁성지진병倘或逢宮城之陳兵 억하면금정지첩혈抑何免禁庭之蝶血'
(아마도 (역적들이) 혹시 궁성에 (진입하여) 군대를 진열하였다면 어찌 대궐의 뜰에 유혈이 낭자함을 면할 수 있었겠는가?)

다시 말해 이것은 어디까지나 가상의 경우를 두고 한 말이다. 역모를 꾸민 자들이 군대를 동원할 가능성이 있었는데, 그대로 되었다면 궁중 안이 피바다가 되었을 것이라는 얘기다. 그런데 이번 사건을 주도한 김일경은 은근히 사건의 배후가 동궁과 관련된 것, 더 직설적으로 말하자면 동궁인 세제 금에 의한 것임을 드러내왔다. 그러니 김일경으로서는 이 말을 예사롭게 쓴 것이라고 보기 어렵다. 당시 사람들이 이 표현을 두고 중국 당나라의 태종 이세민과 그의 형 이건성의 일에 결부시킨 것도 그런 이유에서다. 당태종은 고조 이연의 둘째 아들로 건국에 있어 커다란 공을 세웠다. 그리하여 태자가 될 수 있는 입장이었으나 굳이 사양하여 형 건성이 그 자리에 앉게 되었다. 장자인 형을 존중하는 우애로 권력을 양보한 셈이나 형제 사이는 좋지 않았다. 태종의 양보가 진심이 아닌 데다 태자 건성은 아우에 대한 열등감과 불안에 사로잡혀 있었던 때문이다. 건성은 자신보다 공이 높고 능력에서도 앞서는 태종을 시기하여 해치려고 하였다. 양측 간에 군대를 동원한 싸움이 일어난 것은 결국 불가피한 일이었다. 태종은 선수를 쳐서 궁중 내에서 건성을 공격하여 죽였고, 이로 인해 유혈이 낭자한 사태가 벌어진 바 있다. 따라서 김일경이 교문에서 쓴 '접혈금정'이라는 표현은 당나라 때의 이런 일을 그대로 상기시키는 의미가 있다.

그런데 이렇게 보면 현실에서의 사태 인식은 참으로 말하기 어려운 지경이 된다. 역모사건을 세제인 금이 윤을 내쫓고자 한 것으로 본다면 금은 태종이요, 윤은 건성에 위치지울 수 있으니 그렇지 않은가. 이것은 금이나 윤 모두 입에 올리기조차 어려운 일이 아닐 수 없다. 그런데 왕인 윤 자신이 이런 말을 하는 것으로 교문은 되어 있다. 정확하게 말하자면 김일경이 그런 말을 교문에 넣어 윤·금 형제를 모독하고 있는 셈이다.

김일경이 교문을 지으면서 애초에 넣고자 한 표현에는 '회인종무懷刃鐘巫'라는 말도 있다. 여기서 '종무'라는 것은 제사의 대상이 되는 신이나 그를 모시는 제사의 이름인데, 이것 역시 '접혈금정'과 마찬가지로 중국의 고사와 관련이 있다. 춘추시대에 제후국인 노나라의 은공은 종무신을 신봉하여 그를 위한 사당을 짓고 제사를 지냈다. 그런데 군주의 자리를 둘러싸고 생겨난 전혀 생각지도 않던 일로 인해 사당에서 제사를 지내다가 자객에게 시해당한다. 그 최종적인 배후자는 이복동생(환공)이었는데, 무엇으로 시해했는지는 기록(『춘추』『사기』)에 나와 있지 않다. 그러나 김일경은 칼을 가지고 했을 것이라고 보아 이를 '회인종무', 즉 '칼을 품고 종무에 들어가 시해했다'는 말을 한 것이다.

도대체 김일경은 무슨 생각으로 이런 표현을 교문에 집어넣고자 한 것일까? 그것은 물론 이번 역모사건이 이복동생인 금에 의해서 저질러졌음을 암시하려는 의도에서 비롯했다. 노의 환공이 은공을 시해하였듯이 금이 형인 윤을 시해하고 왕이 되고자 한 사건임을 은연중 부각시키고자 한 것이다. 목호룡의 고변에서 혐의자들이 대급수, 즉 칼을 가지고 윤을 시해할 작정이었다고 했으므로 '회인종무'는 참으로 암시하는 바가 진하다.

너무도 흉측한 표현이었으므로 사전에 이를 삭제하도록 주위에서 권고했고, 김일경 또한 이를 따랐다. 그러나 '회인종무'라는 말을 그가 교문에 넣고자 했다는 사실까지 잊히는 것은 아니었다. 많은 사람들이 그 사실에 분노했거니와 금도 여기에서 예외일 수는 없었다. 그는 누구보다 치를 떨었고 불안에 떨었다. 울부짖으며 한숨도 못 자고 밤을 지새웠다. '접혈금정'이라는 암시가 짙은 말은 교문 속에 그대로 남아 있으니 더 말할 것도 없었다.

이해할 수 없는 윤, 교문을 반포하다

교문에서의 여러 문제점에 비추어볼 때 가장 이해하기 어려운 것은 왕인 윤의 태도이다. 그가 '접혈금정'이 암시하는 의미를 과연 몰랐을까? '회인종무'라는 말이 당초 실리려다 삭제된 사실도 몰랐던 것일까? 많은 신하에 의해 총명한 인물이라는 사실을 인정받고 있던 윤이다. 독서도 많이 했고, 역사에도 밝았던 그다. 또 교문과 관련된 정부 안에서의 이런저런 논란들을 전연 모르지 않았다. 그런데도 말

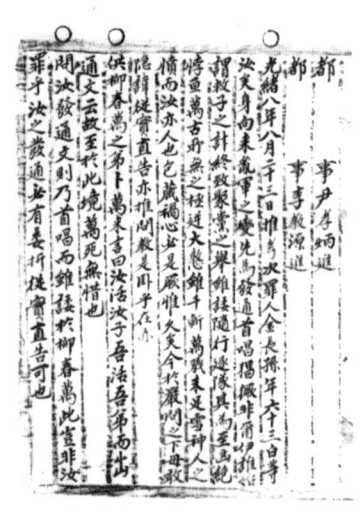

『추안급국안推案及鞫案』. 1601년부터 1905년까지 300여 년간에 걸친 죄인들의 공초 기록을 담은 방대한 문서. 목호룡의 고변으로 나포되어 고문받은 죄인들의 공초 기록도 여기에 남아 있다.

성 많은 교문의 내용은 윤에 의해 그대로 전국에 반포되었다. 교문의 문제점에 대하여는 사후에도 이를 지적한 상소가 대사간 김동필에 의해 올려졌다. 그는 여기서 교문 중에 비유가 잘못되고 조리에 맞지 않는 말이 있다고 하였으며, 김일경도 이에 대한 반론을 윤 앞에서 편 바 있다. 그렇다면 교문의 문제점을 윤이 잘 알고 있었다고 보아야 한다. 그런데도 그는 특별한 언급을 하지 않았다. 김일경이 교문의 문제점을 지적한 김동필의 상소에 대하여 억울함을 호소하며 길게 반론을 폈을 때도 간단하게 대답했을 뿐이다.

"침척侵斥(달려들며 따지고 배척하는 것)하는 말을 가지고 혐의嫌疑할 필요는 없다."

의외로 교문에 아무런 문제가 없다는 태도였다.

이 당시 윤의 심리 상태를 정확하게 알거나 설명해내기란 불가능한 일이다. 그러나 왕의 자리에 오른 후 그가 보여준 권력에의 태도를 보면 어느 정도 유추해볼 수 없는 것은 아니다. 그는 권력자로서의 지위를 힘들어했고, 그것이 주는 무거운 짐에서 벗어나고 싶어했다. 그러면서도 자신의 권력을 우습게보고 함부로 대하는 자들에게는 마음속에 분노와 미움을 담을 수밖에 없었다. 세제의 대리청정 문제를 두고 그가 기꺼이 이를 받아들이려고 하면서도 그 일을 주도한 노론의 네 대신을 결국 죽인 것은 그러한 심리의 표출이다. 권력은 그에게 짐스러우면서도 쉽게 놓기는 싫은 것이었다. 권력에의 인간 본능과 그것이 주는 실제상의 부담 사이에서 그는 왕 노릇을 하고 있었다고 보아야 한다.

　이러한 심리 상태는 목호룡의 고변으로 인한 역모사건 처리에서도 찾아볼 수 있지 않을까? 대리청정의 문제에서 드러났듯이 윤은 항상 아우에게 권력을 물려준 뒤 쉬고 싶은 마음을 가지고 있었다. 이러한 마음이 이 사건으로 인해 금이 세자의 자리에서 물러가려고 하는 것을 더욱 막았을 수 있다. 믿음이 가는 금이 후계자로 있어야 마음 놓고 실권을 내놓을 것 아닌가. 그러면서도 금이 이 사건에 개입했을 여지가 있다는 의구심은 떨쳐버릴 수가 없었다. 그런 마음에서는 당연히 분노도 타올랐을 법하다. 말썽 많은 교문을 그대로 승인해 반포하는 결과를 가져온 것도 그 때문이다. 분명 그가 사랑하는 아우이지만,

　'저 녀석이 나의 권력에 도전하는 기미가 보이는구나.'

　이렇게 생각했을 그로서 취할 수 있는 태도를 보인 것이다.

　역모사건의 초기에 혐의자들이 진술한 내용을 그가 금에게 일부러 보여준 의도 또한 이와 무관하지 않을 것이다. 금에게 매우 불리한 내용들이 거기에는 가득 들어 있었다. 이 내용들을 보여줌으로써 윤은 아우에 대한 경고와 우애를 동시에 품고 있는 자기 마음을 내보인 것이다.

　'연잉군, 네가 이 사건에 연루된 것으로 나타나 있다. 사실이라면 네가 과연 이럴 수 있느냐? 그러나 아우야, 걱정 마라. 비록 그런 내용에도 불구하고 나는 너를 믿고 의심하지 않을 작정이다.'

윤은 복합적인 자신의 이런 마음을 교문에서 금에게 전하고 싶었던 것이다. 해야 할 말도 실어증에 의해 자주 차단당하고 사는 그다. 말을 잘하기 어려운 데 대한 불안과 공포가 그의 마음속에는 늘 있었다. 말의 표현에 관한 한 마음에 여유는 없다. 그 대신, 사물을 생각하는 그의 마음은 넓고도 깊은 데다 여유로움까지 갖추고 있다. 금에 대한 우애도 그런 마음이 없다면 이루어지기 어려웠으리라.

우애는 변함없다

　윤의 돈독한 형제애는 금이 성균관에 입학할 즈음하여 반포한 교문에서도 나타나고 있다. 이 글은 역모사건이 일단락되고 그에 대한 교문이 반포되기 이틀 전에 나온 터라 특히 관심을 끌 만하다. 역모사건에 대한 교문의 내용과 상관없이 금에 대한 윤의 마음이 어떻게 돌아가고 있는가를 알려줄 수 있기 때문이다.
　의례적인 수식으로 이루어진 면이 있지만 이 글에는 금을 좋게 보는 윤의 마음이 곳곳에 스며 있다. 금을 세자로 세운 것을 새삼 경사스러운 일로 보고 있는가 하면 어질고 효성스러운 데다 우애가 깊다는 칭찬도 한다. 아우가 학문을 좋아하므로 앞으로 기대하는 바가 크다는 점도 언급하고 있다. 역모사건에서 나타난 금의 혐의점이나 그에 대한 교문의 말썽 많은 내용과 상관없이 형제간의 우애에 아무런 이상이 없음을 이 글은 보여주고 있다.

윤, 청나라에 보고해 세자를 공식화하다

더 확실한 우애의 증표는 같은 해(재위 2년) 10월 들어 청나라 황제(강희제)에게 올린 주문에서 볼 수 있다. 지난 5월에 청황제는 금을 세자로 책봉해달라는 요청에 대하여 이를 승인하면서도 조건을 달았다. 만약 이후에 왕자를 낳는 경사가 생기면 다시 이를 알리라고 한 것이다. 아우를 세자로 삼는 것은 편법이니 만약 왕의 몸에서 아들을 볼 경우 그를 세자로 삼아야 한다는 말이었다. 그런데 역모사건이 있고, 이를 성토하는 교문이 있은 뒤인 10월에 윤은 청황제에게 금의 세자 지위가 변경될 수 없는 것임을 전하고 있다. 만일 자신에게 이후 아들이 있게 되더라도 금의 세자 지위를 바꾸지 않겠다고 한 것이다. 그 내용은 이렇다.

"저사는 국가의 근본이므로 세자로 한번 정해지면 종묘사직과 신인神人의 의탁함이 진실로 이에 달려 있습니다. 설령 훗날 혹 성의聖意 가운데에 말씀하신 것과 같은 일(왕의 친생자가 태어나는 일)이 있더라도 어찌 다시 주문을 올릴 수가 있겠습니까? 모든 도리를 헤아려보건대 다시 의논할 수 없을 것입니다."

윤이 이러한 글을 청에 보내게 된 데에는 물론 자신이 소생을 볼 가능성이 없기 때문인 점도 작용했을 것이다. 그러나 금에 대하여 이런저런 이유로 불신을 가졌다면 또한 올릴 수 없는 글인 것도 분명하다. 윤은 전적인 신뢰를 바탕으로 이제 아우인 금을 변경 불가능한 자신의 후계자로 확정해놓은 셈이다. 엄청난 역모사건으로 인한 의구심을 털고 전폭적인 우애를 아우에게 보여주는 것이다. 돌이켜보면 둘은 어릴 때부터 사이가 좋았다. 부왕의 병환이 있으면 함께 탕약을 달이며 걱정했고, 윤은 금을 자주 세자궁으로 불러 정답게 지내곤 하였다. 이럴 때면 둘 사이에는 온갖 얘기가 다 오갔다.

삭엽을 희롱하는 형제

금을 세자로 책봉하고 반포한 경종 원년 9월의 기록에는 함께 시간을 보내면서 삭엽削葉으로 희롱도 했다는 말이 나온다. 여기서 삭엽으로 희롱했다는 말은 중국 주나라 때의 성왕 얘기에 근거한 것이다. 무왕의 뒤를 이은 성왕이 아직 어려서 주공의 섭정을 받으며 왕위에 있을 때이다. 동생과 놀면서 오동나무 잎으로 홀笏(관원이 신분의 표시로 손에 쥐는 물건)을 만들어 '이것으로써 너를 (어느 자리에) 봉한다'고 하였다. 우연한 기회에 이를 본 주공은 깜짝 놀랐다. 왕이 이런 식으로 아랫사람과 희롱을 하면 장차 큰일이 일어날 수 있기 때문이다. 그리하여 성왕에게 권하여 동생을 당후唐侯에 봉하도록 하였다.

윤과 금이 오동나무 잎으로 홀笏을 만들며 놀았다는 홀은 이렇게 생겼다. 사진은 조선전기의 문신·성리학자인 점필재 김종직(1431~1492)이 남긴 홀 유물이다.

'왕에게는 농담으로라도 관직을 두고 헛된 말이 있을 수 없는 것입니다'

하는 가르침이었다.

그러니까 윤과 금이 삭엽의 희롱을 했다는 것은 그야말로 흉허물 없이 사이좋게 지냈다는 말이 된다. 주공처럼 그것에 특별한 경계를 표하는 사람도 없는 채 둘은 삭엽의 희롱을 놀이만으로 즐겼다. 성장기의 여섯 살 차이는 매우 큰 편이지만, 무슨 상관이랴. 둘 사이의 우애가 매우 돈독했음을 이로써 알 수 있다.

윤의 타계

독살설에 대한 반론

　재위 4년째 접어들면서 윤은 몸이 전보다 쇠약해지는 기미를 보인다. 이로 인해 몇 달씩 결재 서류가 밀려 담당 부서에서 업무를 제대로 해나가지 못하는 일도 생겼다. 금의 마음도 이에 따라 편할 수는 없었다. 형인 윤이 궐 밖으로 행차할 때 그는 배웅을 했고, 돌아올 때는 공손한 태도로 마중도 했다. 자신의 딸이 두종을 앓는다고 했을 때 이에 끔찍이 신경을 써주기도 했던 형이다. 간혹 형이 며칠 자리에 누웠다가 일어나면 신하들과 하례를 드리며 금은 마음속의 기쁨을 누르기 어려웠다. 그런데 이해 7월 말 들어 형의 건강은 눈에 띨 정도로 나빠져 금의 마음을 어둡게 하였다.

　춥고, 떨리며 열이 나는 데다 설사를 하는 등 윤의 병증은 한두 가지가 아니었다. 음식을 넘기기도 어려워 의원들이 올리는 약으로 수라를 대신하는 경우가 많아졌다. 신하나 의원들 이상으로 금도 쾌유를 빌며 주야로 윤의 옆에 붙어서 살았다. 왕에게 올리는 수라며 약제를 살피는 일은 무엇보다 그가 먼저 해야 할 임무였다.

형이자 왕인 윤이 잠을 못 자고 음식도 제대로 들지 못하는 상황에서 그의 침식도 편할 수는 없었다. 힘든 일이었지만 아우이자 세자된 입장에서는 감내해야 하는 것이었다. 윤이 가슴과 배가 아프다며 고통을 호소할 때는 금도 같은 아픔을 겪어야 했다. 윤이 유달리 큰 침을 맞을 때면 그 고통이 자신의 몸으로 느껴져 저절로 얼굴이 찡그려졌다. 형제는 마음으로 아픔을 같이하고 있는 셈이었다. 우애가 그렇게 만들었지만, 권한의 소재는 그래도 구분이 명확했다.

왕의 병간호를 총 지휘하고 있는 도제조都提調(대개 의정부 대신이 겸임하는 일정 기관의 책임자)인 우의정 이광좌는 긴급한 정사가 있으면 모두 윤에게 아뢰고 재가를 받았다. 병중에 있는 왕이고 재가라 해봐야 진언대로 답하는 게 고작이지만 처리 절차는 그럴 수밖에 없는 것이기 때문이다. 만약 윤이 전혀 응답을 보일 수 없다면 물론 얘기는 달라진다. 대신 금이 일의 재가를 맡고 나서야 하지만, 아직은 그런 상태가 아니다. 만약 섣불리 개입한다면 엄청난 월권이고, 우애도 지킬 수 없게 된다. 지금은 성심으로 형의 병세를 살피는 일이 아우로서의 태도이다. 금은 세제로서의 한계를 잘 지켜야 했고, 우애의 아름다움도 그로 인해서 내보일 수 있는 것이었다.

'게장'과 '감'이 불러온 의혹

병석에 누운 지 한 달여가 되는 8월 20일에 윤의 증세는 더욱 심해졌다. 이번에는 가슴과 배가 마구 조이는 듯이 아프다고 했다. 윤은 전날 게장과 감을 맛있어하며 많이 먹었다. 입맛이 없어 며칠간 수라를 제대로 들지 못하던 사람이 의외의 왕성한 식욕을 보였다. 그리고 하루가 지난 지금 악화된 증세가 나타나고 있었다.

게장과 감은 예로부터 상극의 음식 궁합으로 알려져 있다. 전혀 상극이 아니라는 주장도 있고, 있더라도 소화불량 정도의 가벼운 것이라는 견해도 있지만 속설은 좋지 않게 보는 쪽이다. 양자의 상극 관계를 인정하는 한의학에서도 일어날 수 있는 부작용을 치명적인 것으로 보는 듯하진 않다. 그러나 문제는 환자의 상태이다. 아주 쇠약해진 윤에게는 조그만 부작용도 치명적일 수 있다. 그러므로 금을 의심하는 측에서 본다면 수상쩍게 볼 수 있는 수라상의 마련이라고 할 수 있다. 수라상과 약제를 올리는 일 모두 사전에 살피는 것은 금의 임무이기 때문이다. 게다가 왕인 윤의 죽음으로 인한 최대의 수혜자는 아우인 금이기에 의심의 눈초리도 때로 가능할 수 있다. 게장은 대비가 보낸 것으로 알려져 있지만, 사실은 왕의 주방에서 많은 생각 끝에 지어 올린 것이다.

의원들이 곧 게장과 감으로 인한 부작용을 우려하여 적당한 약 처방을 하였지만, 이후 윤의 병세는 악화되기만 한다. 복통과 설사가 심해지면서 더욱 피곤한 모습이 되어갔다.

　금이 게장과 감을 윤에게 올려 결국 죽게 만들었다는 이른바 독살설이 이로 인해 나온 것인데, 그러나 여기에는 납득하기 어려운 점이 있다. 당시에 그렇게 할 긴급한 이유가 금에게 보이지 않기 때문이다. 자신의 세자 지위를 윤이 적극 지지, 보장하고 있는 상태에서 금이 시간을 다투어가며 윤을 시해할 이유는 없었다고 보아야 한다. 더구나 윤의 평소 건강 상태로 볼 때 그가 오래 살지 못할 것은 충분히 예견되는 상황이 아니었던가. 물론 김일경 등 소론 강경파에 의한 예측 못 할 재공격의 가능성이 없진 않았다. 그로 인해 금이 서둘러 윤을 해칠 생각을 가졌을 수도 있겠지만, 그 가능성은 낮다고 본다. 세자로서의 확고한 위치를 확보한 데다 노론은 물론 소론 온건파의 지지도 받고 있는 상태였기 때문이다.

조선왕조 임금의 수라상을 현대에 재현한 모습.

또 두고두고 문제가 된 게장과 감의 경우도 그렇다. 윤이 이들 음식을 먹은 후 병세가 악화되고 결국 죽음에 이른 것으로 추론해 볼 여지는 있다. 바로 이 엄청난 결과 때문에 이들 음식에 강한 혐의가 두어지고 있지만, 그 이전의 상황도 한번 생각해볼 필요가 있다. 그는 근 한 달 전부터 제대로 수라를 들지 못하고 잠도 부족한 상태로 지내고 있었다. 입맛이 없어서 먹는 것 자체를 귀찮아 할 정도였다. 이 때문에 어떻게 하든 윤이 정상적으로 수라를 들 수 있도록 하는 것이 측근 모두의 소망이었다. 실제로 그가 게장을 맛있어 하며 수라를 들었을 때 궁중 안 사람들은 모두가 기뻐했던 것으로 알려져 있다. 윤이 남달리 게장을 좋아하지 않았다면 이렇게 많이 들지는 않았을 것이다. 그렇다면 그가 좋아하는 음식을 찾다가 게장에 착안하여 올린 것이라고 볼 수 있지 않을까? 또한 감은 때마침 수확 철에 접어들어 입맛을 돋우기에 좋은 과일이었으므로 신중한 생각 없이 올려졌다고 볼 수도 있다. 금이나 수라간에서의 당시 최대 관심이 어떻게 하든지 왕이 수라를 들게 하는 데 있었다면 말이다.

대비가 감과 함께 게장을 보냈다고 하여 그녀에게 혐의를 두는 경우가 있는데, 이것도 지나친 생각이다. 앞서 얘기했듯이 그녀는 윤을 지지하는 소론 집안 출신이다. 윤에게 특별히 개인적으로 원한을 가질 이유도 없고, 금을 편애하여 왕인 윤을 감히 해롭게 할 마음을 가질 수 있는 입장도 아니다. 윤을 해롭게 함으로써 노론에 유리한 정국을 만들고자 했다고는 더구나 볼 수 없다. 만일 그녀가 윤에게 게장과 감을 보냈다면 법상의 아들이자 나라의 왕인 윤에게 어떻게든 수라를 들게 하기 위함이었으리라. 게장과 감이 의학상 좋은 것이 아님을 알고 있었다고 치자. 그렇더라도 수라를 들게 하기 위한 간절한 소망 앞에서는 그로 인한 만일의 결과를 심각하게 고려하지 못할 수 있다. 잘한다고 하는 일이 결과에서 주의 부족으로 엄청난 결과를 낳는 일이 인생사에서는 더러 있지 않은가. '천려일실千慮一失(온갖 주의를 다해도 실수가 있을 수 있다는 말)'이란 말도 그래서 있는 법이다.

그녀의 부모는 모두 사리가 분명하고 겸손한 사람들로 알려져 있다. 이러한 부모 밑에서 배우고 자란 그녀가 음흉한 뜻을 품고 엉뚱한 짓을 했으리라고는 보기 어렵다. 실제로 그녀는 별다른 악평을 듣지 않고 산 여인이었다.

여기에 한가지 덧붙이고 싶은 것은 왕인 윤의 병세 악화가 꼭 게장과 감의 부작용 때문인가 하는 점이다. 그는 근 한 달여에 걸쳐 음식을 제대로 들지 못한 공복 상태나 다름 없었던 것으로 추정된다. 그러다가 게장과 감 때문에 갑자기 과식을 하고 말았다. 이 과식에서 온 부작용의 여지도 한번쯤 생각해볼 수 있지 않을까 싶다. 위장이 나쁜 사람이 갑자기 과식을 했을 경우 가슴과 배에 심한 통증이 올 수 있다는 의사들의 견해도 있다.

그런데 윤의 재위 4년 8월 2일(임신)자 기록(『경종실록』)에는 그가 "비위가 허약하여 수라를 싫어한지가 오래 되었다"고 했다. 위장이 좋지 않아 음식을 제대로 받아들일 수 없었다는 얘기일 것이다. 같은 날짜의 기록에는 세자 때부터 걱정과 두려움으로 고질병을 얻었다 했고, 다른 기록(『경종수정실록』)에는 재위 2년 3월 17일(임인)에 문서를 읽다가 '화열'이 오르고 '심기'가 폭발했다는 내용이 나온다. 여러 종류의 정신적 고통과 울화로 인해 위장에 커다란 손상이 갔을 것을 짐작케 하는 내용들이다.

그렇다면 게장과 감을 먹은 이후 윤의 악화된 증세는 갑작스러운 과식에 의한 것으로 볼 수도 있겠다.

부자를 넣은 인삼차의 역할

8월 24일.

이날은 비와 철 이른 눈이 내렸다. 음력 8월이라고 해도 누가 보나 이상 기후였다. 이런 가운데 윤의 몸은 이제 맥박마저 힘없이 뛰는 상태로 접어들고 있었다. 음성도 낮아지고 조금 뒤에는 그마저 들을 수 없는 지경에 이르렀다. 이전에는 신하들이 문안을 드리거나 진언을 하면 힘이 없는 가운데도 대답은 있었다. 고개를 끄덕이기도 했다. 그러나 이제는 무슨 말을 들어도 전혀 의사 표시를 할 수 없는 상태로 악화됐다. 난감한 상황에서 의원이며 신하, 세제인 금까지 허둥대기는 마찬가지였다. 급한 마음에 모두가 의원이 되다시피 하여 제각각의 처방을 내놓기도 하였다. 주로 인삼차가 올려졌지만, 의원 이공윤은 이를 반대하였다. 그러자 금은 이공윤을 꾸짖으면서 말하였다.

"인삼과 부자를 급히 쓰도록 하여라."

이로 인해 인삼차가 계속 제공되고, 왕의 병세는 호전되는 듯했다. 눈자위가 안정되어 보이고 차가웠던 콧등에 따뜻한 기운이 돌았다. 자신의 처방이 옳았다는 생각에 금은 한마디 더 하였다.

"내가 의약의 이치를 잘 알지 못하나, 인삼과 부자가 양기陽氣를 회복시키는 효능이 있다는 것은 안다."

자신이 바라던 대로 결과가 나오자 만족스럽고 기뻐서 하는 말인 게 분명하다. 그는 평생 인삼과 부자가 기력 회복에 좋다는 믿음을

부자附子와 인삼. 연잉군 금은 자신이 평소에 복용해 효험을 믿었던 부자인삼차를 윤에게 올렸다. 이것을 두고 독살설이 일었다.

가지고 살았기에 이런 말도 덧붙였으리라. 인삼과 부자가 한방에서 원기회복을 위한 처방으로 쓰이고 있는 것도 사실이다.

그러나 밤 10시경이 되면서 윤의 병세는 다시 위급해졌다. 숨 쉬는 것이 아주 약해지고, 인삼차도 의원이 입에 흘려넣어야 간신히 넘길 정도였다. 곧이어 혼수상태로 빠지자 이광좌 등은 눈물을 흘리며 정성을 다하지 못한 죄를 빌었다. 금도 이미 수없이 흘린 눈물을 삼키며 마지막으로 종묘와 사직에 기도를 드리도록 주위에 지시를 내렸다.

"성상이 정으로는 나에게 형제이지만 의로는 부자의 관계를 겸하였는데, 병환을 잘 돌봐드리지 못하여 이 지경이 되었으니, 더 무슨 말을 할 수 있으랴. 때가 늦기는 했으나 그래도 빨리 기도를 행하는 것이 마땅한 일이다."

이에 기도를 담당할 제관祭官에게 줄 물건을 준비하는 중인데, 과연 때는 늦었다. 왕의 자리를 버리고 윤은 저세상으로 떠났다.

공식적으로 알려진 승하 시간은 8월 25일 오전 3시경.

생을 마감한 곳은 환취정.

훗날 의혹의 불씨로 작용한 게장과 감을 먹은 지 5일 만이었다.

윤이 혼수상태에 빠져들고 승하한 이후 모든 조치와 지시는 이제 금을 통해 내려졌다. 대궐의 호위와 그 문의 입출과 통제, 장례 절차에 관한 결정 등 모든 것이 그의 말에 따라 이루어지기 시작한 것이다. 온갖 시련 속에서 후계자로서의 지위에 많은 위협을 받기도 한 금이다. 그러나 형의 죽음과 함께 그의 지위는 이제 대권을 확실하게 거머쥐는 입장이 되었다.

독살설은 근거 없는 낭설

그런데 여기서 또 한 가지 따져보고 넘어갈 것이 있다. 윤의 병세가 급박하게 되었을 때 금이 인삼과 부자를 쓰게 함으로써 결국 사망에 이르게 하였다는 주장이 있기 때문이다. 어의御醫 이공윤은 삼차蔘茶를 많이 쓰면 "기를 능히 움직이게 할 수 없다[氣不能運機也]"고 하여 이에 반대했다. 이보다 앞서 자신이 처방한 계지마황탕桂枝麻黃湯을 복용한 후 삼차를 많이 복용할 경우 왕이 승하할 수도 있다는 말을 한 것이다. 그럼에도 불구하고 금은 이를 꾸짖었다.

> "사람이란 본래 자기의 의견을 세울 곳이 있긴 하나 지금이 어느 때인데, 꼭 자기의 견해만을 고집하여 삼차를 못 쓰게 하는 것이냐."

이로써 결국 윤의 죽음을 재촉하였다는 혐의가 금에게는 추가될 수 있다. 그러나 실록에 나타난 이때의 상황을 좀더 주의 깊게 살펴볼 필요가 있다. 금이 이공윤의 말을 물리친 것은 인삼과 부자에 대한 자신의 믿음 때문이었다. 앞에서도 언급했듯이 그는 평생 이 두 가지 약재가 원기 회복에 탁월한 효과가 있다고 믿은 사람이다. 자신이 복용하면서 경험을 통해 그렇게 믿고 살았다.

예컨대 재위 33년이던 3월 12일(계묘)에 자신의 왕비인 정성왕후가 죽은 것을 애도하는 지문誌文에서 이렇게 말하고 있다.

> "근래 들어 (나의 몸이) 더욱 쇠하여지고 소모되어 원기가 한번 약해지니 인삼과 부자도 효과가 없을 줄 어찌 알았으랴?[豈意近益衰耗元氣一陷 蔘附罔效]"

평소에 원기를 다지고자 인삼과 부자를 복용해왔다. 그런데 나이가 들어가니 이제는 그것도 효과가 없게 되었다는 말이다. 인삼과 부자를 그가 좋은 것으로 믿으며 항상 복용해왔음을 이로써 알 수 있다.

금은 몸이 허약해진 사람의 원기 회복을 위해 인삼과 부자를 권하기도 했다. 재위 46년 윤5월 27일(임신)에 영의정을 지낸 유척기의 부인이 남편의 3년상을 마치자 몸이 허약해진 것을 우려하여 신하에게 이런 지시를 내리고 있다.

> "해당 부서로 하여금 인삼과 부자로 약을 조제하여 가지고 문안을 하여 나의 뜻을 보이도록 하라.[令該署蔘附之劑存問以示予意]"

그러니 형 윤의 위급함을 당해 그가 인삼과 부자를 올리도록 한 것에는 전혀 악의가 있을 수 없다.

또 금이 이공윤을 꾸짖었지만, 실제로는 그의 말을 듣고 곧 삼다를 중지시켰다는 사실도 주목할 필요가 있다. 금이 승하하던 날의 실록에는 '삼차를 정지했다. 생각건대 필시 공윤의 말로 해서 계속 (삼차를) 올리기가 어려웠기 때문일 것이다[蔘茶停 想必以公胤言持難也]'라는 사관의 말이 나오고 있다. 금에게 만일 다른 뜻이 있었다면 이공윤을 꾸짖은 이상 계속 삼차를 올렸어야 하는 것 아닌가.

인삼과 부자가 절대로 좋다는 믿음이 있었지만, 의사의 말을 듣자 만약의 사태를 우려하여 곧 부자가 든 삼차를 중지시켰던 것이다. 그런데도 금에 의한 윤의 독살설을 주장하는 측에서는 이후에도 계속 삼차를 올린 것으로 기술하는데, 이는 물론 사실의 기록과 맞지 않다.

더구나 삼다를 쓰고, 윤의 원기가 조금 살아나는 기미가 보이자 금이 자신의 처방에 기쁨과 만족을 표하였다는 사실도 유의할 만하다. 형이 죽기를 바랐다면 이런 반응을 보일 수는 없다. 금의 태도를 이렇게 선의로 해석할 수 있는 한 앞서의 계장과 감에 관한 일도 악의로 해석할 일이 아니다. 오늘날과 같은 발달된 기술로 부검을 통해 확인된 사실도 아닌 일을 독살로 몰아가는 것은 지나친 억측이라고 생각된다.

【제3부】

끝없는 우애

- 형을 이은 아우

- 망형에의 빚 갚기

- 의심받는 우애

- '황형'에 대한 회억回憶

형을 이은 아우

금에게 영광스러우면서도 가장 괴롭고 슬픈 날이 다가왔다.

8월 30일 오시午時(오전 11시~오후 1시).

그는 이제 새로운 왕으로 즉위해야 했다. 승하한 형 윤을 이어 지존의 자리에 올라야 함은 그에게 주어진 임무였다. 그러나 상제로서 거처하는 여차廬次를 떠날 때부터 그는 비 오듯이 눈물을 흘렸다. 어좌御座가 놓여 있는 창덕궁의 인정전 문을 들어서면서는 한없이 슬픈 낯빛으로 울며 좀처럼 앞으로 나아갈 줄 몰랐다. 시간이 길게 아주 천천히 그를 매달고 가는 듯 보였다. 어좌 앞에 이르러 그의 슬퍼함은 극에 달했다. 감히 바로 오르지 못한 채 차라리 자리를 치워달라며 울부짖었다.

영조 어진. 보물 제932호. 견본채색화, 83×203cm, 서울 창덕궁 소장.

"내가 지난날 이 전각殿閣에서 영고零苦(돌아가신 분을 높여 이르는 말)를 모셨는데, 지금 무슨 마음으로 어좌에 오를 수 있단 말이냐."

수없이 거듭되는 신하들의 간곡한 권유와 청을 받고서야 비로소 그는 어좌에 앉을 수 있었다. 형식이 갖추어지니 내용도 분명해졌다. 그는 명실상부한 왕이 되었고, 역사에 영조로서 기록되는 치세를 시작하게 되었다.

떠나지 않는 형의 추억

여차를 떠나 어좌에 앉기까지 그가 보인 행동을 의례적인 것으로 볼 수도 있겠다. 모든 왕은 즉위할 때 언제나 여러 번 사양하는 것이 관례였다. 금방 앉는 것은 여러 면에서 선왕에 대한 예의가 아니라고 누구나 생각했다. 그렇다고 금이 오로지 그런 까닭에 어좌를 사양한 것으로 볼 수는 없다.

윤은 생각보다 예민한 데가 있는 왕이었다. 홍문관의 신하가 자신의 앞에서 천천히 걸었다고 하여 형벌을 내리고자 하였다. 자신의 건강을 돌보는 약방의 제조 이태좌가 지나친 말을 한다고 생각했을 때도 체포하여 심문하라고 명할 정도였다. 실어증 때문에 일일이 말을 하지 않아서 그렇지 윤은 아주 자존심이 강한 사람이었다. 이런 형이 스스로를 굽히고 달래가며 아우인 자기를 끔찍이 돌보아준 정을 금이 잊을 수는 없었다. 세자로의 책립이며, 박상검의 모략을 이겨낼 수 있었던 일, 그리고 목호룡의 고변에서 벗어날 수 있었던 것까지 모두 형의 은덕 때문이다. 금으로서는 의당 슬픔에 젖어 어좌 앞에서 사양하는 태도를 보일 수밖에 없었다.

이 순간 그의 머리에는 지난날의 여러 가지 일들이 쉼 없이 겹친 채로 떠올랐을 것이다. 그중에서도 승하하기 불과 며칠 전 병으로 고통을 겪으면서도 형이 자신을 생각해 한 말을 그는 잊을 수 없었다. 더운 날씨에도 불구하고 옆에서 간병하는 금을 보자 윤은 신하들에게 이런 말을 했다.

"세제가 너무 덥겠구나. 문을 열어 시원한 공기가 들어오도록 하라."

이러한 배려는 금이 왕이 된 뒤 세자(사도세자)에게 일부러 들려줄 정도로 그의 가슴속에 깊이 남아 있었다. 또 자신의 마지막이 왔다고 생각해서인지 윤은 세상을 떠나기 전에 금을 자기 옆 가까이에 부른 적이 있다. 붓과 종이도 함께 들이도록 주위에 지시했다. 입으로 말을 할 수 없으니 마지막 유언을 적을 생각이었던 게 분명하다. 사랑하는 단 한 명의 아우에게 간절한 당부의 말을 하려던 것이리라.

그러나 금에게 호의적이지 않은 환관들은 이 핑계 저 핑계로 서둘러 지시를 이행하지 않았고, 그 사이에 윤은 승하했다. 이 일도 생각하면 금의 가슴속을 후벼 파는 아픔이 되어 떠올랐다.

형은 가끔 금이 공부하고 있는 곳에 와서 그의 글 읽는 모습을 보고자 했다. 주위에서 이따금 금이 공부를 하지 않는다는 소리가 들려왔지만 윤만은 그렇지 않다고 믿었다. 동생이 훌륭한 지도자가 되고자 주야로 열심히 공부하는 것을 믿어 의심치 않았다. 그리하여 이렇게 말하고는 했다.

"내가 우리 아우의 글 읽는 모습을 보고자 하는데 누가 감히 막는단 말이냐?"

그 목소리도 이제는 들을 수가 없게 되었다. 아! 세월이 무서운 것이다. 즉위 후 금은 인정문 앞에서 전국의 신민들에게 교문을 반포하였다. 대제학 조태억이 지은 이 글에서 금은 형 윤에 대하여 여러모로 언급하고 있는데, 몇 가지 대목을 보면 다음과 같다.

- 대행대왕(고인이 된 선왕)께서는 타고난 천품이 관대하고 인자하셨으며 마음에서 우러나오는 효도와 우애를 가지셨다.
- 윤리로는 형제이고, 의리로는 부자 사이여서 참으로 지극한 슬픔이 끝이 없다.
- (대행대왕의 모습이 언제나 눈에 어른거릴 정도로) 사모함이 간절하다.

이러한 말은 단지 문자상의 수식이라고만 할 수 없다. 이후 그가 보여준 모든 행동이 그것을 실제로 보여주고도 남음이 있다.

9월에 들자 승정원에서 표신標信(궁궐문의 개폐, 출입 및 급변을 전할 때 사용되는 증표)에 새겨넣을 글자를 택하는 데 대해 중신회의를 개최할 것을 금에게 아뢰었다. 새 왕이 즉위하였으므로 표신의 글자도 새로 새겨야 한다고 본 것이다. 그러자 금은 원상院相(국상 중 임시로 정무를 맡아보는 원로급 대신)인 이광좌를 불러 이렇게 말하였다.

형왕이 내려준 글자 '통通'

"내가 사용하는 화압花押(표신에 넣는 일정한 글자)은 선조(윤)께서 하사하신 것으로 보배로운 묵향이 아직도 남아 있는데 내가 어찌 다른 것을 구하겠소?"

"어떤 글자입니까?"

이광좌의 물음에 금은 지체 않고 '통通'이라고 대답했다. 아마도 승하한 윤은 아우 금에게 신민들과 끊임없이 소통하고, 학문에 달통하며, 하늘의 이치를 정치에 통하게 하라고 이런 글자를 주었던 모양이다. 어떻든 이로 인해 새 왕의 표신에 다른 글자를 넣을 필요는 없게 되었다.

아침저녁으로 곡哭하며 상례를 행하는 일도 금은 손수 하였다. 감기가 들어 얼른 낫지 않는데도 이를 그만두려고 하지 않았다. 이에 의원들과 이광좌 등이 그의 건강을 염려하여 다른 사람에게 대신 시키도록 청하자 그의 답은 이러했다.

"명나라 인종이 태자였을 때 병이 있는데도 제사를 드리자 신하들이 대신 시키도록 간절히 청해도 듣지 않았었지. 그런데 제사를 드리자 많은 땀이 흐르면서 곧 병이 나았네. 지금 내가 조석으로 드리는 곡전은 (그에 비하면) 더욱 중하지 않은가."

당연히 해야 할 일이니 계속하겠다는 의사 표시였으나 신하들의 거듭되는 만류가 있자 결국 다른 사람이 대리하도록 허락하였다. 그러나 며칠 지나지 않아서 금은 아침저녁의 곡전을 다시금 자신이 직접 하였다.

왕에게는 격무를 처리해야 하는 중책이 주어져 있다. 거기서 오는 심리적인 부담도 물론 다른 자리와는 비교할 바가 아니다. 즉위한 지 한 달여가 지난 9월 말에 금의 손과 발에 마비가 온 것도 자리가 주는 그런 중압감 때문일 것이다. 매일 침을 맞아도 증세는 얼른 가라앉지 않았지만 해오던 곡전은 그만두지 않았다. 형 윤의 재궁梓宮(왕이나 왕세자 등의 관)에 옻칠이 입혀지는 때도 일일이 현장에 가서 살펴보았다. 옻칠은 33번에 걸쳐 이루어지므로 그만큼 자주 가서 보아야 했지만, 그는 조금도 소홀한 태도가 없었다.

마침내 선왕인 윤의 인산因山(왕의 장례)을 치르게 되었다. 음력 12월 중순(16일, 을유)인데도 이날은 비가 심하게 내렸다. 『영조실

왕의 장례식의 일면을 보여주는 일제강점기 때 순종의 장례식.

록』에 의하면 비가 마치 물동이의 물을 뒤집어놓은 것처럼 쏟아졌다고 한다. 그러나 금은 개의치 않는다. 보제원普濟院에서 상여를 장지로 떠나보내면서 네 번 절하고 난 뒤에는 한없이 흐느꼈다. 이제 형은 영원의 땅으로 가는 것이고 자신은 이승에 속절없이 남아야 한다. 시신이나마 영별의 갈림길이라고 생각하니 눈물이 날 수밖에 없었다. 왕의 신분이라 장지까지 따라갈 수 없는 사실도 그의 마음을 한층 슬프게 만들었다. 이에 장례 절차를 총괄하는 이광좌 등에게 다짐하듯이 일렀다.

"모든 일에 대해 오직 경들만 믿고 있으니 꼭 마음을 다해주기 바라오."

그래도 정성을 다하지 못했다는 생각이 들었던지 나중에 승지를 장지에까지 보내 형에게 다시금 인사를 드렸다. 상여를 보낸 뒤에도 그의 마음은 내내 장지에 가 있었던 것이다. 장례 일이 끝난 뒤 고인의 신주는 궁으로 돌아왔다. 금은 형을 다시 만난 듯 이를 정중하게 경소전敬昭殿에 모셔놓고 친히 별제를 지냈다. 그리고 매월 초하루와 보름에 있는 삭망제朔望祭도 자신이 직접 드렸다.

망형에의 빚 갚기

　금은 망형 윤의 허물이나 흠을 드러내지 않으려 조심하였다. 형에 의한 지난날의 판단이나 결정을 할 수 있다면 바꾸려 하지 않았고, 단점을 들어 말하는 것도 삼갔다. 형 윤에게 병이 있었다는 말이 신하들의 입에서 나왔을 때도 그는 이를 인정하지 않으려는 태도를 보였다. 형 윤에 대한 잘못된 기록이라도 보게 되면 반드시 고치고자 했다. 재위 3년째이던 10월에 우연히 형의 재위 시 일기를 열람하다가 잘못된 부분을 보고 사관들에게 수정하도록 지시했다. 내용은 윤이 은으로 만든 식기들을 사용했다는 것인데, 금이 알기에 그것은 자기磁器를 은기로 잘못 알고 쓴 기록이었다. 그래서 이렇게 명한다.

　"(은기를 썼다는) 이런 말이 역사에 기재되면 선조先朝의 검소하셨던

덕을 후세에 밝힐 수가 없게 된다. 그러니 이런 뜻을 사관에게 전하여 (당시의 일을 사실대로) 자세히 기록함으로써 선왕의 검소하신 덕을 밝혀 전하도록 하라."

형 윤의 인척에 대하여도 금은 우대를 베풀었다. 윤의 장인인 함원부원군 어유귀는 이에 따라 여러 가지의 특혜를 입는다. 장병들의 신망이 높던 훈련대장 장붕익의 후임으로 어를 제수한 것도 그 한 예이다. 금의 재위 11년 3월의 일인데, 실록의 편찬자도 어유귀가 특별한 재능 없이 발탁되고 있음을 말하고 있을 정도이다. 금도 이러한 비판 가능성을 모르지는 않았을 것이다. 그러나 지하에 있는 형 윤의 은덕을 생각하는 마음에 알면서도 이러한 조치를 취하고 있다.

어유귀가 죽었을 때도 금은 특별한 하교를 내렸다.

"의릉懿陵(경종의 능명. 여기서는 경종 윤을 지칭)을 돌이켜 생각하니 매우 슬프다. 상사喪事에 들어가는 모든 것을 다른 부원군의 예와 같게 하고, 월름月廩(월급으로 주는 곡식)은 앞으로 3년 동안 그대로 주어 나의 슬퍼하는 뜻을 표하도록 하라."

윤의 재위 시 역모를 고변한 목호룡을 공신으로 책정할 때 김일경은 어유귀를 원훈으로 세우도록 청한 바 있다. 그 때문에 세간에서는 어유귀가 목의 고변에 관여한 것으로 보는 견해가 많았다. 만일 그게 사실이라면 그는 금에게 칼을 겨누었던 자가 되는 셈이다. 그러나 금은 이를 일체 문제 삼지 않은 채 살아서는 물론 죽은 뒤에도 어유귀에게 이처럼 극진한 예우를 베풀었다. 형 윤에 대한 지극한 우애가 그렇게 시킨 것은 물론이다.

형의 흔적을 모두 끌어안는 영조

형의 처가 쪽 조카들에게도 금은 배려를 잊지 않았다. 재위 43년 8월 25일(병술)에 신하들에게 이렇게 묻고 있다.

"선의왕후의 형제들이 아들을 몇이나 두었는지 아는가?"

선의왕후는 형수인 경종비를 말한다. 신하들이 알아보고 나서 몇 명이라고 아뢰자 모두 관직에 등용하도록 일렀다. 어유귀의 동생인 어유봉(윤의 처삼촌)에 대해서도 금은 각별하게 배려했다. 특별히 관직을 주지는 않았으나, 환관의 늑장 보고로 그의 죽음을 한참 후에 알게 되었을 때 금의 노여움은 컸다. 해당 환관을 심하게 꾸짖고 유배를 보낼 정도였다. 상가에 부의를 특별히 후하게 보내며 유족들의 생활을 돌보도록 하는 것도 잊지 않았다.

윤에게 호의적일 수 있었던 인물에게는 금도 호의적으로 대하는 면이 있었다. 구택규는 소론의 강경파에 가담하여 금의 세자 책립과 대리 문제를 둘러싸고 일어난 권력 투쟁에서 노론들을 대거 축출하는 데 앞장섰던 위인이다. 윤의 재위 시에는 그의 생모인 장희빈을 대빈으로 높여야 한다며 아첨을 떨기도 했다. 금의 반대편에 선 혐의가 있고, 시세에 따라 요리조리 붙기도 했으므로 사람들은 그를 좋게 보지 않았다. 그러나 금은 이에 개의치 않고 그를 한성부 판윤으로 임명했다.

"임금이 사람을 쓰는 데 있어서는 오로지 쓸 만한 인재인가에 주안점을 두는 것이다."

아마도 구택규에 대한 세간의 평을 알고 이런 말을 한 듯싶다. 그가 재능이 있다는 이유로 자신의 정실 인사를 변호하고 있으나, 윤을 생각하는 마음이 그 뒤에 있음은 누구도 부인할 수 없다. 구택규에 대한 금의 우대는 이에 그치지 않았다. 그의 아들 윤명도 특별히 발탁하여 관원으로 임명했다. 이들 부자의 과거를 들추어가며 인사의 부당성을 논하는 신하들이 있었지만, 금은 끝내 받아들이지 않았다.

재위 기간 동안 파당을 없애기 위해 탕평책을 과감하게 밀고 나간 금이다. 파당을 둘러싸고 벌이는 신하들과의 논쟁에서는 아주 예리한 비판도 보여준다. 신하들이 말하는 것의 부당성을 일일이 들어 잘 반박하고 있다. 또 자신에게 유리한 일을 한 사람들이라고 해서 편애하는 태도도 보이지 않고자 했다. 재위 5년 8월 29일(신미)에 신하들과의 대담 중에 이런 말을 하고 있다.

"신축년(경종 원년)에 내가 세자가 되었기 때문에 (세상 사람들 가운데는) 내가 (임금이 되면) 노론을 임용할까 걱정하는 경우가 있었지만, 내가 아무리 부덕한 사람이라고 해도 어찌 정책定策(세자를 정한 일)한 공로를 가지고 임용하겠는가?"

금은 이성적인 면이 강한 인물이라고 할 수 있겠다. 그러나 형 윤과 관련된 일에서는 한없이 다감하기만 하다. 감성을 자극하는 우애가 그렇게 만들고 있는 것이다.

의심받는 우애

형 윤에 대한 존경과 사모의 마음은 여든셋으로 생을 마치기까지 금의 마음속에서 떠난 적이 없다. "황형皇兄"(형 윤을 그는 항상 이렇게 불렀다)을 생각하고 말할 때면 으레 눈물이 그의 볼을 적셨다. 자신이 임금이 된 것도 '황형'이 아니면 도저히 불가능했다는 것이 금의 생각이었다. 그들 형제를 이간시키려는 집요한 방해 공작이 있었기에 이러한 생각이 물론 있게 되었다.

그런데 금의 즉위 후에는 돌아간 윤에 대한 그의 우애를 의심하는 일이 일어난다. 물론 신하들 가운데 일부에서 나온 것인데, 그들은 과거사를 들추어가며 그를 몰아세운다. 금이 윤을 해치려고 한 것으로 그들은 믿고 있었다. 심지어 금이 윤을 독살했다고 믿는 과격한 자들은 나중에 난을 일으켜 나라 전체를 동요시키기도 한다.

다시 불거진 독살설

금이 윤을 계승한 지 한 달도 채 되지 않은 시점에 대사헌 이명언은 목호룡의 고변에서 나온 김씨라는 궁인의 문제를 제기한다. 목호룡은 지난날 왕인 윤을 독살하려던 이른바 소급수의 계획을 '김성 궁인金姓宮人', 즉 김씨 성의 궁인이 실행키로 했다고 고했다. 그러나 당시에도 조사 결과 근거가 없는 터라 그냥 넘어간 문제였는데, 명언은 다시 이를 들고 나왔다.

"독약을 사용하려던 김가의 궁인은 선왕에게 난역의 적입니다. 당연히 전하에게도 원수가 되니 꼭 찾아내어 원수를 갚아야만 합니다."

명분은 이렇게 나오고 있지만, 그들의 속셈은 기실 노론 측과 금에 대한 압박에 있었다. 그들이 조사를 요구하는 궁인은 김창집의 오촌 조카딸이자 숙종의 후궁인 영빈寧嬪 김씨를 가리킨다. 다시 말해 노론이 영빈을 사주하여 선왕인 윤을 독살하려 했다는 얘기인데, 금도 여기서 혐의를 벗어나 있지 않다. 목호룡의 고변을 통해 금이 왕을 시해하려던 사건에 연루된 것으로 의심받고 있었던 때문이다. 금은 어릴 때 영빈 김씨를 어머니라고 부르며 따랐고, 부왕의 다른 어느 후궁보다도 높이는 입장이었다. 이것만으로도 음모자들로서는 김성 궁인으로 알려진 영빈과 금의 연계를 부각시키고 싶었을 것이다.

결국 명언 등 소론의 일부 세력은 금을 의심하면서 지나간 사건을 자꾸 쟁점화하고 있었다.

죄인(김성절)의 심문과정에서 나온 '김성 궁인'이라는 존재는 막연하기 짝이 없었다. 이름이나 직위를 구체적으로 적시하지 않은 채 그저 '김성 궁인'이라고만 했으니 대체 누구란 말인가. 암암리에 영빈 김씨를 지목하는 것이라도 구체적인 증거 없이 선왕의 후궁을 함부로 수사할 수는 없는 일이다. 그래도 수사할 경우 정국에 밀어닥칠 엄청난 파장도 생각하지 않을 수 없다.

그러나 윤의 재위 4년째이던 4월 한 달간 김일경을 중심으로 하는 소론 강경파는 이 문제를 집요하게 제기했다. 선왕인 인조가 사랑하던 조소용을 효종이 역적으로 밝혀 죽인 사실까지 거론한다. 영빈 김씨를 죽여야 한다는 얘기인 것이다. 그러나 윤은 끝내 이를 받아들이지 않는다. 그리하여 전왕인 윤이나 대왕대비 김씨 모두 그 인물의 실체가 없는 것으로 보고 말았다. 결국 '김성 궁인'의 문제는 미흡한 대로 결론이 나 있었다. 그런데도 명언 등이 이 문제를 자꾸 들고 나오자 금은 선왕을 내세워 이를 막았다.

"선조께서 하신 비답批答(신하들의 상소에 대한 임금의 답변)에 '그런 일이 없다'거나 '실상이 없다'고 하셨는데, 거룩하신 임금께서 어찌 있는데도 없다고 말씀하셨겠는가?"

"만약 그런 사람이 있었다면 선왕께서 어찌 내쫓지 않으셨겠는가?"

그래도 경연에서까지 이 문제가 집요하게 제기되자 심지어 이런 말까지 한다.

"선왕께서 (그런 사람이) '없다' 고 하신 하교를 중하게 여겨야 하겠는가? 아니면 (그런 사람이 있다고 한) 역적들의 초사招辭(죄인의 진술)를 중하게 여겨야 하겠는가?"

이 말은 선왕인 윤을 존중하는 의미가 포함된 말이지만, 술수적인 면도 없지 않아 보인다. 지금 명언 등은 말하자면 선왕 윤의 편을 들어 다시금 이 문제를 제기하고 있다. 그러므로 선왕의 말을 방패 삼아 금은 그에 대한 의혹이 근거 없음을 말하고 있는 것이다. 그런데 이명언이나 그와 뜻을 같이하는 무리는 선왕의 말을 앞세우는 금의 발언에 설득당하지 않는다. 금이 선왕인 윤의 권력을 하루 빨리 탈취하고자 음모에 가담한 것으로 보고 있는 그들이다. 따라서 금의 말은 그들에게 구차스러운 소리로 들릴 뿐이었다. 그들은 선왕 윤에 대한 금의 우애를 전혀 신뢰하지 않고 있었다. 그들이 볼 때 금은 선왕의 막중한 은혜와 우애를 저버린 패륜아였다.

'선왕을 내세워 곤경을 피해가려는 수작이구나.'

금의 답변에 대한 그들 마음속에서의 말은 아마 이러했으리라.

신하들의 문제제기에 담긴 뜻을 금도 모를 리는 없다. 그는 참으로 분하고 억울한 마음이 들었을 법하다. 그래서 이 문제가 제기된 9

월이 지나고 11월에 들어 우승지 김동필과의 대화 중에 이런 말을 하고 있다.

"내가 (세자가 되기 전) 사저私邸에 있을 때 '고죽청풍孤竹清風(고고한 대나무와 맑은 바람)'이라는 네 글자를 벽에 써 붙여놓았는데 아직도 그대로 있다."

애기인즉슨 자신은 권력에 전혀 야욕이 없었다는 뜻이다. 궁인 김씨 운운하면서 자신에게 불신을 보이며 공세를 취하는 신하들에 대한 해명성의 말이라 할 수 있다. 대왕대비와 선왕께서 베풀어주신 지극한 사랑과 나라에 대한 막중한 부탁을 저버릴 수 없어 이 자리에 앉게 되었다는 말도 한다.

'이처럼 나의 마음은 순수할 뿐이다. 그러니 나를 의심하고 덤비는 것은 천부당만부당한 일이다.'

이런 마음에다 김씨 궁인의 일이란 애당초부터 실체가 없는 일이었으므로 금은 끝까지 이에 대한 조사를 받아들이지 않는다. 그러나 이 일은 자신에 대하여 적대적 태도를 가진 세력에 의해 제기되고 있다. 근거 없다는 말만 되풀이하는 것은 상대편의 의심을 더욱 키울 뿐이다. 어떻게 해야 하는가? 생각 끝에 금은 이 문제만 가지고 그들에게 미시적으로 대하기보다 근원적인 차원에서 사태를 다루기로 했다. 적대 세력에 대하여 정면 타격을 가하기로 한 것이다. 권력의 공고화를 위해서도 어차피 이것은 피할 수 없는 일이라고 생각했다. 즉위년 11월 초부터 김일경의 과거 행적을 문제 삼고 나선 것은 그 때문이다.

김일경은 적대 세력의 중심인물이자 금에게 참기 어려운 감정의 골을 만든 장본인이다. 환관 박상검을 사주하여 갖은 핍박을 가했었고, 목호룡을 조종하여 금을 역모의 한 무리로 만들려고도 했다. 목의 고변으로 만들어진 그 역모사건에 대한 왕의 교문을 작성하면서도 그가 금을 해치고자 한 사실을 아는 사람은 다 안다. '접혈금정'이니 '회인종무'니 하는 식의 표현으로 마치 금이 형인 윤을 시해하고 권력을 빼앗으려 한 것처럼 말을 만들어내지 않았던가. 그는 금을 해치려고 했을 뿐 아니라 왕이자 형인 윤에게도 모욕을 가한 셈이 된다. 금을 당태종에 비유함으로써 결국 윤을 그의 형이었던 건성에 비유한 격이 되었으니 그렇지 않을 수 없다. 건성은 태자로서의 자질이 없는 데다 동생 태종에게 죽임을 당했으니 어느 모로 보나 좋은 인상을 주는 인물이 아니다. 어떻게 선왕을 그러한 건성에 비유하는 말을 만들어낼 수 있단 말인가.

금은 왜 시약청을 설치하지 않았나

생각해보면 윤은 대체로 무던한 성품의 소유자였다. 김일경이 쓴 '접혈금정'이라는 표현이 결국 자신을 건성으로 비유하게 되는 것을 그가 몰랐을 리는 없을 터인데도 문제 삼지 않았다. 반면 금은 그러한 표현이 나온 것만으로도 치를 떨며 밤잠을 못 잤다. 자신을 역적으로 모는 셈이었으니 그렇지 않을 수가 없다. 그러면서도 어찌할 수 없는 자신의 무력함을 한탄하며 김일경에 대해 꾹꾹 참을 수밖에 없었다. 이제 그는 참았던 분노를 터뜨리게 된 것이다. 반대파의 핵심인 김일경을 제거하는 것은 정국의 안정을 위해서도 크게 도움이 되리라.

　기세등등하던 김일경의 몰락이 가시화되자 사람들은 저마다의 입장에 따라 눈치껏 행동을 취했다. 노론계의 재야 선비들이며 관원들은 물론 그의 처벌을 적극 지지하기에 바빴다. 김일경과 같은 소론계의 인물들도 될 수 있는 한 김일경과의 친밀도를 없었던 듯 꾸미려는 태도를 보였다. 물론 여전히 그와 친한 입장에서 동정적인 입장을 보이는 인물들도 있었으나, 그들도 적극적으로 옹호할 형편은 되지 못하였다. 김일경은 물론 자신의 변호에 온갖 힘을 기울였으나 구차스러운 변명으로만 받아들여졌다. 가혹한 취조가 진행되자 나중에는 그 자신도 차라리 빨리 죽기를 원했다. 금의 입장에서도 사형을 지체시킬 이유는 없었다. 김일경이 죽었을 때의 나이 만 62세. 죽음으로써 그는 금과의 악연을 비로소 끝낸 것이다.

　그러나 윤·금 형제의 우애를 의심하는 세간의 눈길이 이것으로 아주 끝난 것은 아니었다. 한때 왕 윤의 총애를 업고 세력을 부리던 김일경의 잔존 세력은 지방 곳곳에 남아 있었다. 물론 소론계 인물들이었는데 그들에게 금은 선왕인 형 윤을 독살한 짐승 같은 인간이었다. 윤의 승하 직후부터 독살설이 시중에 돌았던 탓에 상중에도 금은 미움 가득한 주위의 시선을 때때로 의식해야 했다.

원래 왕이 와병을 하게 되면 대궐 안에 시약청을 설치하게 되어 있다. 그렇게 해서 도제조를 맡은 고위 관원이며 여러 명의 의관이 왕의 치료에 매달리게 마련인 것이다. 치료의 총지휘는 이를 담당하는 도제조가 맡아 한다. 그러나 세자도 이 업무에서 비켜서 있을 수는 없다. 왕의 침식을 돌보는 것이 그의 평소 임무이므로 병 치료에도 관심을 당연히 가져야 한다. 세자라는 직위상 그의 말과 지시가 왕의 병 치료에 상당한 영향을 미치는 사실도 부인할 수 없다. 이 때문에 금도 형 윤의 병을 주야로 돌보기에 힘을 썼었다.

그런데 윤이 와병에 들어갔을 때 도제조 이광좌는 시약청을 설치하지 않았다. 피곤하고 경황이 없는 탓이라고 했지만 상례에는 분명 어긋나는 일이었다. 왕에게 중환이 있으면 시약청을 설치하고 국민들에게 이를 알리는 것이 의당한 절차인데 그러지 않았다. 이런 경우 금이라도 이 사실을 지적하고 시약청의 설치를 촉구했어야 했다. 그런데 어쩐 일인지 그 역시 이를 하지 않은 듯싶다. 이로 인해 일반 백성들로서는 왕인 윤이 병중에 있다는 사실을 전혀 모르다가 승하 소식만을 듣게 되었다. 왕의 죽음은 그들에게 갑작스러운 것이었고 당연히 의심을 가질 법한 상황이 되었다. 이런 와중에 윤의 처남인 심유현(경종의 세자 시 배필이었던 단의왕후의 오빠)의 말 한마디는 그들의 의심을 확신으로 바꾸어놓았다.

'상감께서 (흔적 없이) 독살을 당하신 게 분명하다.'
'옥체가 (환후 중에 있었다는 표시가 전혀 없는 채) 평상시 그대로였다.'

그가 전파한 말의 요지는 이런 것이었다. 병 없이 건강한 상태로 있다가 갑자기 독약에 의해 시해당했다는 말이다.

심유현은 윤의 승하 직후 궁에 들어와 시신을 직접 본 사람 중 하나이다. 따라서 그의 이러한 말은 사실처럼 널리 전파되어갔다. 역사에서 일컬어지는 영조 4년의 '이인좌 난'은 이 때문에 발생한 것이다. 소론의 강경파 중 한 사람인 이인좌는 선왕이 독살되었다고 믿은 나머지 거병하여 현왕을 토벌하려고 나섰다. 그는 얼마 되지 않아 잡혀 처형되었지만, 이후로도 한동안 정희량 등 잔존 세력의 반란은 계속되었다. 이로 인해 서울에서도 주민들이 타지로 피난 가는 사태가 발생하기도 했다. '무신 난'으로 불리기도 하는 이 난에는 조광조, 이덕형 등 과거의 명신 자손들도 다수 참여하였다. 그만큼 대의와 명분이 있는 거사로 그들 자신은 생각했던 것이다. 그들에게 금은 공적으로 말하자면 역적이고, 사적으로 말하자면 형을 죽인 패륜의 인간이었다. 형에 대한 금의 우애를 그들은 철저하게 의심하며 믿지 않았던 것이다.

심하면 의심도 하나의 믿음이 된다. 일체의 합리성을 배제하고 자신들의 의심 근거를 확신으로 몰고 가면 결국 믿음이 되고 만다. 금은 적대자들의 그러한 믿음에 한동안 괴로움을 당해야 했다.

　금에 대한 그들의 의심에는 위에서 보았듯이 시약청이 설치되지 않았다는 사실도 작용했다. 그런데 윤에 대한 금의 독살설과 관련해 이 점을 생각해볼 필요가 있다. 만일 독살을 하고자 했다면 금으로서는 병으로 인한 사망으로 위장하기 위해 어떻게 하든 시약청을 설치할 필요가 있다. 그런데 그런 기도가 어떤 자료에도 전혀 나와 있지 않다. 그가 요구만 하면 도제조 이광좌가 거부할 수 없는 일이었는데도 말이다. 이것도 금이 윤을 독살했다는 근거가 희박해 보이는 이유 중 하나가 될 수 있겠다.

'황형'에 대한 회억回憶

시도 때도 없이 금은 '황형'에 대하여 간절한 그리움을 나타내곤 하였다. 그의 재위 6년 되던 3월에 민진원이 올린 윤의 시 한 수와 직접 지은 「가족제복론加足帝腹論」을 보고는 이런 말을 하였다.

"지금 어제御製와 어필御筆을 보니 더욱 추모하는 마음이 간절해지는 구려."

그러고는 민진원에게 가보家寶로 잘 간수하도록 당부하였다.
이어 민진원이 세자로서의 윤에 관한 전언을 올리자 각별한 관심을 보이고 있다. 윤의 승하 후 신하들 중에서 그를 중국의 걸주桀紂(하나라, 은나라 시대의 폭군들)처럼 성품에서 온 병을 가지고 있었던 것으로 보는 데에 대해서는 불쾌한 감정을 드러냈다. 이 말을 전한 민진원이 애써 그런 말을 한 신하들의 이름을 숨기며 변명을 해야만 할 정도였다. 아마도 금은 실어증 등 형 윤에게서 보였던 병증을 후천적인 환경 요인으로 돌리고 싶어했던 것 같다. 생모 장희빈의 사사 등 감당하기 힘든 어려움을 겪으면서 얻은 병으로 생각한 듯싶다.

만년의 영종 또다시 추억에 빠져들다

이날 민진원과의 대화에서 그는 윤이 인현왕후를 극진히 모신 일에 대한 이야기에는 아주 기뻐하는 태도를 보였다. 경묘景廟의 효성은 지금껏 모두들 칭송하고 나도 익히 들었다면서 이렇게 말했다.

"지금 경의 말을 듣고 보니 경묘를 추모하는 마음이 더욱 간절해지는구려."

이 내용을 전하는 『영조실록』 6년 3월 2일(경오)의 기사에는 이때 금이 어떤 표정을 짓고 있었는지에 대한 언급이 없다. 그러나 평소 눈물이 많던 그의 성격으로 미루어볼 때 이 말을 하는 그의 눈은 축축하게 젖어 있었을 것이다. 민진원은 윤에게 금의 세자 책립을 강박했던 골수 노론의 일원이고, 이때는 노론의 영수로 자리하고 있었다. 사후의 윤에게도 비판적인 태도를 취할 수 있는 입장이었다. 이러한 민진원 앞에서 금은 이토록 형을 추모하고 있다. 형에 대한 금의 추모가 조금의 가식도 없는 순수한 정에서 우러나온 것임을 여기서 알 수 있다.

형수인 어씨(선의왕후)가 승하한 직후에도 그는 하루 세 번의 제전祭奠을 거르지 않았다. 마침 여름이어서 상복을 입고 곡을 하는 일이 일반인도 하기 어려울 지경이었지만, 그는 경휘전敬徽殿(선의왕후)을 추모하면서 이를 계속하였다. 원로 신하들이 만류하였을 때 그의 말은 이러했다.

"만일 경묘와 승하하신 대비가 아니었다면 내가 어찌 오늘이 있었겠소? 나와 대행대비의 사이는 평범한 형수나 시숙의 관계와는 다르오."

두 분은 도저히 잊을 수 없는 은인이기도 하다는 말이다. 자신이 직접 지은 『어제 대훈御製大訓』에서도 유사한 말을 되풀이하고 있다.

"황형의 지극히 어진 마음과 지극한 우애가 없었다면 어찌 (나의) 오늘이 있겠는가."

또 황형이 생전에 자신과 관련해 내린 명령들에 대한 찬양의 말도 하고 있다.

"황형께서 명하신 바는 그 가르침이 지극히 간절하고, 그 주신 것은 지극히 공정했다."

이 말은 자신에게 잘해준 사람에게 인간이라면 누구나 할 수 있는 의례적인 말로 들릴 수 있다. 그러나 꼭 그렇게만 볼 일도 아니다. 생전에 윤이 여러 번에 걸친 정치적 파쟁 속에서도 굳건하게 금의 후계자 지위를 유지시켜준 것은 과연 보통 일이 아니기 때문이다. 윤 옆에는 그에게 충성을 바치는 체하면서 금에게 해를 가하려던 김일경 등이 있었다. 교활한 환관 박상검도 금을 제거하려고 음모를 꾸미고 있었던 게 사실이다.

윤은 왕이었지만 이들의 교묘한 술수에 얼마든지 말려들 수 있었다. 그 결과 많은 일에 오판할 여지가 있었지만 실제는 그렇지 않았다. 윤은 실어증에다 건강도 좋지 않던 가운데도 건전한 판단력을 끝까지 발휘하여 아우인 금에게 왕의 자리를 물려주었다. 아우를 지극히 간절하게 생각하지 않았다면 이루어질 수 없는 일이다. 또 어떤 감정의 흔들림도 없이 대권의 자리를 물려주었으니 이것은 지극히 공정한 것이라고 아니할 수 없다. 이렇게 본다면 윤에 대한 금의 찬양은 의례적이거나 아첨성의 말로만 들을 수 없다.

대권의 온전한 승계 여부는 나라의 안위와도 직결되는 문제이다. 후계자가 정상적인 승계를 할 수 없을 때 나라는 혼란에 빠지게 된다. 나라 경제도 큰 어려움에 직면할 수 있을 것이다. 권력의 생리가 얼마든지 그런 사태를 가능케 한다. 그렇다면 금의 권력 승계를 이루어내도록 한 윤의 역할에 대해서는 나라를 위해서도 의미 있는 평가가 내려져야 할 것이다. 이 역시 자신이 지은 『감란록勘亂錄』에서 금이 다음과 같은 말을 할 수 있었던 것도 그 때문이다.

> "우리 경묘景廟의 지극한 우애와 지극히 사랑하는 어진 마음이 없었다면 우리 동방에 어찌 오늘이 있었겠는가."

경종과 영조의 또다른 동병상련

금은 형에 대한 우애를 말이나 글로만 나타내는 데 그치지 않았다. 경연에서 신하들과 경전을 강론하다가도 문득 형을 생각하면 태도가 달라졌다. 재위 9년 10월 23일(신미)의 주강에서 『예기』를 읽다가 '한 원량元良(동궁 즉 세자를 말함)'이라는 글이 나오자 흐느껴 울면서 말하였다.

> "이 원량이라는 글을 읽고, 지금의 국본을 돌이켜보면서 지난 일을 생각하니 나도 모르게 슬퍼지는구려."

여기서 지금의 국본을 돌이켜본다는 것은 세자인 효장세자가 죽고, 아직 왕자의 탄생이 없음을 생각한다는 말이다(이때 사도세자는 아직 태어나지 않았다). 또한 지난 일을 생각한다는 것은 물론 형 윤의 재위 시 원량으로 있었던 자신의 입장을 가리킨다. 그가 갑자기 울게 된 것은 아무래도 세자가 될 왕자의 탄생이 없고 그로 인해 당시 나라의 근본이 정해지지 않은 데 대한 슬픔 때문이리라. 그러나 자신이 원량으로 있으면서 당한 고통, 그것을 감싸준 '황형'에 대한 추모도 강하게 작용했을 법하다. 즉 승하한 형을 잊지 못하는 아우로서의 우애도 그의 눈물샘을 자극한 것으로 보아야 한다.

금은 자신이 후궁 출신의 왕자인 데다 그것도 무수리였던 여인의 아들이라는 점에 항상 열등감을 가지고 살았다. 후궁 출신 종친들의 대신들에 대한 무례를 신하들이 지적하면 신경질적인 반응을 보인 것도 그 때문이다. 그럴 때면 그가 하는 말이 있었다.

"너희들이 (천한 후궁 소생의) 왕자로서 (내가) 이 자리를 이었다고 가벼이 여겨 종친부를 멸시하는 것이냐?" 나는 선왕의 측실 아들로서 감당하기 어려운 자리를 욕되게 하고 있다."

따지고 보면 형 윤도 원래는 후궁이었던 장희빈의 소생이다. 금으로서는 윤에 대하여 단순한 형제 이상의 돈독한 감정의 유대를 가질 이유가 있었던 셈이다.

탕평정책의 시작은 바로 '형제의 우애'

재위 24년(1748)의 1월 3일(무자)에는 살아 있었다면 환갑이 되었을 황형을 생각한다. 이때 금은 진상품인 가죽신을 신다가 발을 다쳐 치료하고 있던 중인데, 신하들 앞에서 이런 말을 한다.

> "올해는 경묘의 주갑周甲(환갑)이 되는 해이고, 나도 이제 한 살을 더 먹었다. 옛날 (맹자의 제자인) 악정자樂正子는 마루에서 내려오다가 발을 다친 적이 있었는데, 지금 나는 가죽신을 신다가 발을 다쳤다."

자신의 다친 발을 얘기하면서도 돌아간 황형을 생각하고 있다. 늘 마음속에 황형을 두고 살지 않았다면 이런 말을 하기는 어려웠을 것이다.

50여 년간 재위한 금이 가장 역점을 두고 추진한 정책은 탕평이다. 당쟁을 없애서 평안한 정국, 통합된 국가를 이루어보려는 것이 그의 소망이었다. 그러나 요순이 되기를 기약하고 이 일에 나섰지만, 번번이 그는 좌절을 맛보아야만 했다. 명분과 시비를 가리는 어떤 논의에서도 신하들은 파당의 이해관계에서 좀처럼 벗어날 줄 몰랐다. 그리하여 재위 28년 8월 25일(계축)에 의릉에 참배한 자리에서는 울면서 입으로 이렇게 소리 내어 고한다.

"(황형께서 살아 계실 때) 5년 동안 모시고 지낸 것이 꿈만 같습니다. 원컨대 빨리 돌아가 이런 세상을 보지 않고 모시고 지내게 해주소서."

　호조판서 조영국이 옆에 있었지만, 그는 아랑곳하지 않고 이런 말을 하였다. 신하들이 미운 데다 괴로운 마음을 감당하기 어려워 하는 말이다. 현세의 어려움을 떠나고 싶은 도피성의 마음이라고 할 수 있겠다. 그러나 여기에는 황형에 대한 죄송스러움과 추모의 정도 스며 있다. 우애의 마음이 저승에까지 가 닿고 있는 것이다.
　황형에 대한 그의 죄송스러움이 있다면 어떤 것이었을까? 그것은 자신이 왕위를 물려받았으면서도 책임을 다하지 못한 데서 오는 자괴감이다. 자신은 성군이 되기를 기약하고 밤낮으로 노력을 한다고 했다. 그런데도 민생은 여전히 어렵고, 신하들은 당파의식을 버리지 않은 채 으르렁거린다. 무엇 하나 되는 일이 없고 보니 막중한 자리를 물려준 황형에게 죄송스러울 뿐인 것이다.
　그러나 금이 이날 능 앞에서 한 말을 이 정도로만 풀어본다면 너무 간략한 것이 되지 않을까 싶다. 사람들의 말이 생각을 전부 토해내기 어렵듯이 금의 말 역시 그의 가슴속에 담아둔 것에 비하면 아주 적은 것이었으리라. 그렇다면 진정 마음속에 남아 있던 말은 과연 무엇이었을까? 그것은 다음과 같을 수도 있다.

황형!

형님!

제가 지금 임금이 되어 형님 앞에 와 있습니다. 돌이켜보니 정말 꿈만 같습니다. 부왕께서 돌아가신 뒤 형제로는 형님과 저만 세상에 남게 되었지요. 형님이 왕위에 오르시고 저는 연잉군으로 불리며 지냈습니다. 그러다가 노론의 신하들이 앞장서 저를 세자로 세워야 한다고 형님을 강박하다시피 해서 이윽고 성사를 시켰습니다. 일부에서는 제가 뒤에서 그들을 부추겨 한 것으로 말하는 경우도 있었지만, 천부당만부당한 억측이지요. 어찌 제가 형님께 그런 짓을 할 수가 있겠습니까? 또 그로부터 두 달 뒤에는 저의 대리청정 문제를 두고 얼마나 논란이 많았습니까? 그때 저는 정말 괴로워서 죽고 싶은 심정이었습니다. 마침내 형님께서 최종적으로 대리에 대한 취소 처분을 내리신 것을 보고서야 비로소 마음이 놓였습니다.

형님!

박상검의 요망한 술수며, 목호룡의 교묘한 고변은 또 어떠했습니까? 형님께서 웬만한 임금이라면 그들의 말에 속아 저를 의심한 나머지 죽일 수도 있을 지경이 아니었겠습니까? 그런데 형님은 그러지 않으셨습니다. 그들의 요망한 술수에 넘어가지 않으셨고, 저에게 해가 갈 어떤 조치도 내리지 않으셨습니다. 아! 형님의 지극한 우애가 아니었다면 그 모두가 있을 수 없었을 것입니다. 제가 왕이 될 수도 물론 없었겠지요. 존경하옵는 형님!

경종 윤의 무덤 의릉. 영조는 이 앞에서 자신을 왕으로 만들어준 황형에 대한 회억에 빠져들었다.

형님의 막중한 은혜를 입어 임금이 된 저는 하루도 높은 은덕을 잊을 수가 없었습니다. 그에 대한 보답은 임금 노릇을 잘하는 것이라고 생각하여 불철주야로 노력했습니다. 목표도 참으로 높은 곳에 두었지요. 당태종 따위의 임금은 저 아래로 보았고, 세상에서 칭송하는 한문제도 저의 목표에서 보면 저 아래에 있었습니다. 저는 그야말로 요순이 되고자 결심했었습니다. 아버님과 형님 재위 시 발생했던 극악한 당파싸움을 종식시키는 것도 저의 목표 중 하나였습니다. 그리하여 노소론의 영수(민진원과 이광좌)들을 불러 화해를 권유하고, 파당색을 보이는 생각이나 행동을 엄중히 경계했습니다.

그러나 이제 돌이켜보니 당초의 목표와는 너무나 차이가 납니다. 요순은 백성들을 배부르게 먹였다는데, 저는 그렇지 못합니다. 해마다 굶어 죽는 백성들이 많고, 이로 인해 저는 늘 마음이 편치 못합니다. 당파싸움도 그렇습니다. 제가 애써 그것이 살육으로 이어지는 것을 막았기에 망정이지 아니었다면 벌써 수많은 떼죽음이 나왔을 것입니다. 그들은 원수가 져 노소론이며 남인으로 갈려 조금도 서로를 용납할 줄 모릅니다. 아! 이 일을 생각하면 그저 눈물만 나올 뿐입니다.

형님!

저도 이제 나이가 50이 다 되었습니다. 형님께서 왕위를 물려주신 막중한 은혜에 하나도 보답을 하지 못한 채 나이만 먹었습니다. 죄송스러울 따름입니다. 앞으로 얼마나 더 살는지 모르나 희망을 가지고 임금 노릇을 할 수 있을 것 같지 않습니다. 그러니 제발 저를 형님 계신 곳으로 데려가주십시오. 그곳에서 생전에 못다 한 우애를 더욱 깊이 하면서 형님을 모시며 살고 싶은 마음뿐입니다.

금이 재위 중 자주 세자에게 자리를 물려주려고 한 것도 황형에 대한 죄송함 때문일 텐데, 쉰여섯이 되던 해에는 마침내 세자에게 대리청정을 시킨다. 불과 열다섯 살의 사도세자에게 대리를 맡긴 것이다. 그리고 될 수 있는 한 정치에서 손을 떼려는 자세를 보였다.

재위 32년 6월 27일(계해)에는 선원전의 재실에서 승지들에게 이런 말을 하였다.

"재일齋日을 맞아 조용히 앉아서 생각해보니 경묘의 지극한 덕은 사첩史牒(역사 기록)에도 없던 일이었다. 살갗을 파고드는 참소는 비록 개인 집에서라도 참기 어려운 것인데, 하물며 제왕가에서이겠는가. 정말 어버이를 섬기는 마음으로 섬기고 싶었다. 이번 기신忌辰을 당하고 보니, 더욱 솟구치는 슬픔과 사모하는 마음을 견딜 수가 없다."

재위 37년 8월 8일(갑술)에는 경현당에서 홍인한에게 자신이 지은 『어제추모기御製追慕記』를 교정하도록 이르면서 이런 말을 하였다.

"옛사람이 말하기를 '다시는 천왕가天王家(천자와 왕의 집안)에 태어나지 않기를 바란다'고 한 것은 바로 나를 두고 말한 것이다. 우리 황형의 지극한 우애와 인자함이 아니었다면 내가 어떻게 (그 많은 어려움을 겪어내고) 오늘날 이 자리에 있겠느냐?"

또 이해의 같은 달 17일(계미)에는 신하들과 『시경』을 읽다가 육아蓼莪, 상체常棣편에 이르러 이렇게 술회하였다.

"육아편에서 '하호하시何怙何恃(누굴 믿으며 누구에게 의지하랴)'라 하였고, 상체편에서 '형제공회兄弟孔懷(형제는 간절히 생각하네)'라고 한 말은 바로 나를 두고 이른 것이다. 이미 외롭고 슬펐던 몸인 데다 이제는 형제마저 없으니 이 장들을 읽을 때마다 마음이 괴롭구나."

이어서 돌아간 황형의 효성과 우애를 길게 회상하였다.
또 같은 달 24일에는 1박 2일의 일정으로 황형의 능에 머물면서 정성을 다하여 절을 드렸다. 엎드려 절을 하는 동안에 비가 심하게 쏟아졌지만 그는 일어설 줄 몰랐다. (농사에 도움이 되는) 오랜만에 내린 비 때문이기도 했지만, 황형에 대한 추모의 정이 신하들의 만류에도 불구하고 금을 그렇게 만든 것이다.

영조, 72세 헌수 잔치를 거절하다

황형의 제삿날에는 신하들에게 자주 읽던 『시경』의 상체편을 다시 읽도록 하면서 슬픔을 되새기기도 하였다. 앞에서 나온 '형제공회'가 들어 있는 그 편의 시는 이렇게 되어 있다.

> 죽게 되어서도 死喪之威
> 형제는 간절히 생각하네. 兄弟孔懷
> 들판에 습지 널려 있건만 原隰裒矣
> 형제는 그래도 찾아간다네. 兄弟求矣

죽음에 이르도록 형제가 서로를 그리워하며 생각한다. 그리고 들판에 질척거리는 습지가 곳곳에 있어 조심해야 하는데도 형제는 오직 서로를 찾기에 열중할 뿐이다. 습지를 헤쳐가며 그들은 형과 아우를 찾아가는 일에 온 정신을 쏟아붓고 있는 것이다. 얼마나 돈독한 형제의 우애란 말인가. 금은 이 구절을 읽고, 들으면서 지난날 황형이 자신을 아껴주던 일을 되새기고 있다.

황형과 자기 사이에도 갈 길을 방해하는 습지는 많았다. 음모, 모략 등 온갖 일이 바로 그러한 습지가 아니고 무엇이었던가. 그런데도 황형과 자신은 형제로서 결국은 함께 갈 길을 찾았다. 주로 황형의 공정한 판단과 너그러움으로 그렇게 될 수 있었다고 볼 때 금으로서는 지난날의 상념에 젖지 않을 수 없었다.

재위 41년(1765) 일흔둘의 나이가 되자 신하들이 헌수를 빌며 잔치를 차려 올리겠다고 하였다. 그러자 금은 민생의 어려움을 들어 윤

허하지 않으면서 예의 육아편을 언급하며 이런 말을 하고 있다.

"내가 불효한 데다 천품이 어두워서 황형의 큰 은혜도 갚지 못하였고, 자성慈聖(왕대비)에 대한 효양孝養(효도와 봉양)도 제대로 하지 못하였다. 선왕께서 승하하신 지 오래된 것을 슬퍼하며, 육아의 시를 읊조릴 뿐이다. 이러한 때에 어떻게 홀로 헌수를 받을 수 있겠는가?"

마흔도 채 못 살고 세상을 떠난 황형을 생각할 때 자신의 장수를 비는 연회를 그는 받아들일 수 없었던 것이다. 형에 비해 오래 사는 것조차 금은 미안하게 생각하는 마음을 가지고 있었던 것이리라. 일흔이 넘어서도 금이 슬픔을 되새기며 읊은 육아편의 일부 내용은 이렇다.

아버님 안 계시니 누구를 믿으며	無父何怙
어머님 안 계시니 뉘에게 의지하랴	無母何恃
나가도 근심은 그대로이고	出則銜恤
들어와도 마음을 붙일 곳 없네	入則靡至

금은 여기서 이 시의 주인공처럼 고독할 수밖에 없었던 자신의 처지를 생각했을 것이다. 아버지와 어머니가 모두 돌아가신 뒤 그는 외롭게 지내야만 했기 때문이다. 그런 상태에서 유일하게 의지할 사

람은 형 윤뿐이었다. 윤의 특별한 우애가 없었다면 시의 내용대로 "근심은 그대로이고 들어와도 마음을 붙일 곳"이 없었을 것이다. 육아편을 통해 그는 고독했던 자신의 처지와 형 윤의 돈독한 우애를 되새겼을 것이다.

금은 늙어가면서 자신과 비슷한 고령의 신하들과 책을 읽는 등 시간 보내기를 좋아하였다. 일흔다섯이 된 재위 44년 11월 19일(계묘)에도 여든하나가 된 좌참찬 윤봉오를 불러 함께 『소학』을 읽었다. 이 신하는 세자 시절의 금을 보필하던 인연이 있었으므로 두 사람은 그야말로 옛 추억에 물씬 젖을 수 있었다. 그래서인지 금은 이날 『소학』의 제사題辭(책의 앞에 나오는 글)를 친히 외어나갔다. '원형이정元亨利貞은 천도지상天道之常(하늘 도리의 떳떳함)이오'로 시작하여 '애친경형愛親敬兄(부모를 친애하고 형을 공경함)'에 이르렀을 때이다. 금은 갑자기 말을 멈추고 울먹울먹한 소리로 말하였다.

"내가 이 구절에서 엄억掩抑하게 되는구나."

망형에 대한 추모의 감정을 애써 누르게 된다는 말이다. 눈물이 금방 나올 듯한 감정을 참는 70대 제왕 금의 모습이 선하게 다가온다.
재위 46년 윤5월 18일(계해)에 후일의 정조인 세손과 함께 존현각에 올라서는 문득 황형에 대한 추억을 떠올리기도 한다.

"아! 이 각閣은 우리 황형께서 세자로 계실 때 주연冑筵(세자가 공부하는 자리)으로 쓰던 곳인데, 오늘은 할아비와 손자가 함께 앉아 있으니, (황형을 추모하는) 이 마음이 더욱 간절해지는구나."

『예기』를 강론하다 울먹이다

생일날이 되어도 금은 자주 황형을 생각하며 신하들이 올리는 탄신연을 거절하였다. 자신의 오늘을 만들어주고 일찍 돌아간 형을 생각할 때 외람되게 호사를 누리는 것 같은 죄스러움에서였다. 이날은 그저 앞에 나온 『시경』의 상체편이나 육아편 내지 척호편을 읊조리며 마음을 달랬는데 척호편의 일부 내용은 이렇다.

높다란 산 위에 올라	陟彼岡兮
멀리 형 계신 곳 바라본다.	瞻望兄兮
형의 말씀, 아아, 내 동생아	兄曰嗟予弟
행역은 주야로 이어지니	行役夙夜必兮
모쪼록 조심하여	上愼旃哉
꼭 죽지 말고 돌아오너라	猶來無死

이 시에 나오는 행역行役은 국경 수비의 임무를 말한다. 다시 말해 이 시는 국토방위라는 나라의 중대 임무를 위해 떠나는 형제간의 간

절한 우애를 읊고 있다. 금이 임금 된 의무의 하나를 국토방위, 즉 국가안보의 확립으로 보았다면 이 시는 내용 이상으로 그에게 특별한 의미로 다가왔을 것이다. 그럴 경우 시에 나오는 높은 산은 임금의 자리에 비유될 수 있다. 그곳에서 금은 멀리 형이 누워 있는 곳(능)을 바라본다. 그리고 형에게서 들려올 말을 마음으로 전해 듣는다.

'행역이 주야로 이어지듯이 임금이 해야 할 국가안보의 의무도 간단이 없는 것이다. 모쪼록 몸조심하여 잘하다가 내게로 오너라.'

이렇게 본다면 금으로서는 이 시를 애송하지 않을 수 없었을 것이다.
어느 날 신하들과 『예기』를 강론하다가 증자문曾子問편에 이르러 금은 목이 메어 울면서 이렇게 말한 적도 있다.

"황형께서 여시던 경연에서의 강론이 증자문에서 그쳤으니 내가 차마 이 편을 읽지 못하겠다."

너무 감상적이라고 하면 그렇게 볼 수도 있겠다. 그러나 사무치는 우애가 마음속에 없다면 아무리 노력해도 그렇게는 될 수 없을 것이다.

—— 에필로그

　형제간의 우애는 누구에게나 권장되는 덕목이지만, 그것을 실현해내기는 쉽지 않다. 우애가 인간사회에서 귀중하고 아름다운 것임은 물론이다. 금이 요순의 도를 효도와 함께 우애로 본 것도 그 때문이리라. 그러나 우애는 이름 자체로 아름다운 것이 아니라, 실천을 통해서 내실을 이루어낼 때 비로소 아름다워진다. 우애의 감정은 인간의 본성이지만, 노력 없이 그것은 덕德의 모습을 보이기 어렵다.
　실천을 통해 우애의 아름다움이 이루어지기까지 그 당사자들은 엄청난 시험에 직면하곤 한다. 돈이나 권력 내지 여타의 문제들을 가지고 우애의 지속 여부를 시험받을 수도 있다. 어떤 사람은 돈 때문에 우애를 망치고, 어떤 사람은 애정 문제로 형제를 죽이기까지 한다. 지난날의 세계 역사에 있던 일이고, 지금도 볼 수 있는 일들이다. 우애라는 것이 얼마나 유리알처럼 깨지기 쉬운가를 이러한 사례들은 보여준다.
　윤과 금의 경우도 물론 권력을 두고 우애에 심각한 균열을 만들어낼 가능성이 있었다. 그러나 두 사람은 이 모든 것을 극복했고, 누구보다 윤의 관대한 마음이 거기에 크게 작용했다.

금은 윤의 그러한 마음을 잘 알고 있었다. 또 이루기는 어렵고 깨지기는 쉬운 우애의 단면도 알기에 금은 황형을 더욱 잊지 못하며 존경했다. 이렇게 본다면 윤의 관대함과 동시에 그것을 그대로 받아들일 줄 아는 금의 마음씨도 그들의 우애에서 큰 몫을 했다고 할 수 있다.

우애란 당사자 간에 서로 잘해야 가능한 것인데, 이것이 말처럼 쉬운 일은 아니다. 경우에 따라 여러 가지 어려운 이유가 있을 것이다. 그렇더라도 어느 경우에나 공통적인 것은 있게 마련인데, 인간이 생활세계에서 반복하며 사는 '자기화'의 통로가 그것이다. '자기화'란 자기의 생각이나 감정, 느낌 등을 통해 상대방의 말과 행동을 해석하여 받아들이는 것을 말한다. 상대방의 행동을 자기 안에서 구체화시키고 명료화해서 나름대로 번역하여 생각하는 것이라고도 할 수 있다. 그러니 한쪽이 아무리 잘한다고 해도 상대방이 이를 제대로 받아들일 줄 모른다면 우애는 제대로 된 값을 만들어내기가 어렵다.

한쪽에서 잘한다는 것도 그렇다. 자기가 잘하면 그에 대한 기대 행동을 상대방에게 바라는 경우가 대부분이다. 그 기대치도 보편적인 수준보다 높은 것이 대부분이어서 웬만한 행동으로는 기대 욕구를 충족시키기가 어렵다. 반면 자기가 잘못한 경우에는 그에 대한 평가가 객관적이지 못할 때가 많다. 상대방이 그에 섭섭하게 반응을 해도 무얼 그것쯤 가지고 그러느냐는 식으로 생각하며 오히려 원망하기가 십상이다.

　윤과 금의 우애는 이미 보았듯이 이 같은 인간의 모든 약점을 이겨내면서 이루어졌다. 조선조 역사에서 이들의 우애는 참으로 보기 드문 수준이다.

　개국 초 태종 방원에 의해 두 차례나 일어났던 왕자의 난, 왕위 찬탈과정에서 세조가 자행한 아우들의 살육, 광해군에 의한 임해군과 영창대군의 죽음 등 윤과 금 이전의 조선은 형제간의 살벌한 역사로 얼룩져 있다. 모두가 권력을 좇느라 우애를 헌신짝처럼 버린 결과이다.

　윤과 금의 우애에 그래도 비교될 만한 경우라면 제12대 임금인 인종과 그 뒤를 이은 명종 사이일 것이다. 인종은 어질고 착한 마음으로 후일의 명종인 경원대군을 지극한 우애로 대하였다. 그런데 둘 사이는 나이 차도 많은 데다 인종의 일방적인 사랑이었다고 해도 과언이 아니다. 형의 지극한 우애를 깊이 느끼며 지내기에는 명종이 너무 어렸던 것이다. 그렇기에 윤과 금처럼 서로 주고받는 우애의 양상은 그들 사이에서 찾아보기 어렵다. 인종의 사후 명종이 금처럼 형의 우애를 되새기며 산 흔적도 보이지 않는다. 만약 되새길 수 있었다면 명종대의 을사사화 같은 정치적 참변은 일어나지 않았을 가능성이 높다. 소윤(명종의 외삼촌인 윤원형 일파) 편일 수밖에 없는 명종이지만, 대윤(인종의 외삼촌인 윤임 일파)에 대하여 너그럽게 대처할 수 있었으리라 생각된다.

금은 소론보다 노론에 편향될 수 있는 입장이었다. 노론은 적극적으로 그를 밀어주는 등의 노고를 아끼지 않았다. 세자 책립, 대리청정의 실현을 위한 노력 등에서 모두 그랬다. 이 때문에 그로서는 싫더라도 노론에게 마음의 빚을 질 수 있는 입장이었다. 그가 이러한 입장을 그대로 살렸다면 재위 시 당쟁은 더욱 극심해졌을 것이다.

　　그러나 금은 당쟁의 참혹함을 반성하면서 양쪽을 화해시키고자 하였다. 그렇게 하여 그들을 협력하는 국정의 파트너로 만들고자 한 것이다. 형에게 쏟은 우애의 정신을 정치 면에서 승화·구현하려고 한 자취로 볼 수 있는 점이 아닐까? 갈등이 있다가도 화해하고 협력할 수 있으며 화목하는 것이 우애의 정신이다. 바로 그 우애의 정수精髓를 금은 탕평책을 통해 정치적으로 실현시키고자 한 것으로 보인다. 우애를 담아내는 그의 마음씨와 총명이 능히 그렇게 할 수 있었던 것이다.

　　효도와 우애는 윤과 금 모두에게 소중한 덕목이었고, 이를 성공적으로 살려가기도 했다. 그런 사실이 오늘의 우리에게 거부감을 줄 이유도 물론 없다. 이는 효도와 우애가 가지는 초시대적인 규범적 성격을 말하는 것이지만, 문제가 없는 것은 아니다.

　　윤과 금의 시대에 효도는 거의 절대적인 규범이었다. 법도 그 아래의 것으로 인식되었고, 물질적인 이해관계도 물론 그 이상의 것일 수는 없었다. 그러나 오늘날은 효도의 이러한 절대성을 좀처럼 찾아보기 어렵게 되었다. 효도를 위한 어떤 행위도 법에 저촉되면 처벌을 면하기 어려운 게 현실이다. 물질적 이해관계로 인해 효도의 이행 여부가 달라지는 것도 자주 볼 수 있는 현실이다. 하물며 효도보다 아래에 가는 우애야 더 말할 것도 없을 지경이다. 돈으로 인해 형제간에 다투고 싸우는 일은 흔히 보지 않는가.

윤과 금 사이에 엮어진 우애의 모습은 현대에 가져올 충분한 가치가 있다. 그것은 단지 피를 나눈 형제 사이의 원만함을 위해서만 그런 것이 아니다. 근대 이후 출현한 다양한 이해집단에서 '형제애적 우애'가 고창될 수 있다면 이와 관련해서도 가치가 있다는 말이다. 얼른 들으면 이해가 안 갈 수도 있겠지만 그렇지 않다. 정치, 경제, 계급, 계층 등 여러 부문에서 우애가 그들 내부의 단결과 통제적 가치로 내세워질 수 있는 경우를 생각해보라. 예컨대 '정치적(혹은 이념적) 동지', '노동하는 형제들', 소외계층으로서의 '함께 가는 동지'를 외치는 경우 거기에 '형제애적 우애'가 스며들어 있음을 부인할 수 없다. 실제로 사회주의자들은 '동무' 내지 '동지'라는 용어를 일상화함으로써 '형제애적 우애'를 효과적으로 활용한 면도 있다. 우애는 오늘날 이렇게 비혈연적 부문에서까지 그 정신을 차용해가는 정도가 되었다.

윤과 금의 남다른 우애는 개인적인 형제관계를 넘어 18세기 초의 조선에 안정과 영정조의 중흥을 가져올 수 있었던 의의가 있다. 그들은 자신들의 우애를 나라와 민생을 생각하는 차원에서도 소중하게 생각했던 것이다. 자기 내지 자기가 속한 집단의 이해를 넘어 함께 사는 고답한 우애의 진수를 거기에서 발견할 수 있다. 공사 양면에 걸친 그러한 우애의 정신이 대립과 이해의 충돌로 바람 잘 날 없는 현대에서도 살려질 수 있어야 한다.

참고문헌

사료
『조선왕조실록』, 국사편찬위원회, 1984
『숙종실록』, 세종대왕기념사업회, 1987
『경종실록』, 세종대왕기념사업회, 1989
『경종수정실록』, 세종대왕기념사업회, 1990
『영조실록』, 세종대왕기념사업회, 1989
사마천, 『사기史記』
『어제대훈(전)』, 1741
송인명 등 찬집, 『감란록』, 1729

단행본
『춘추좌씨전』, 경문사, 1979
미즈호 레이코, 『독살의 세계사』, 장점숙 옮김, 해나무, 2006
비비안 그린, 『권력과 광기』, 채은진 옮김, 말글빛냄, 2005
서정기 역주, 『새시대를 위한 시경』 상·하, 살림터, 2001
슈테판 츠바이크, 『광기와 우연의 역사』, 안인희 옮김, 휴머니스트, 2004
영조, 『어제상훈언해』, 홍문각, 1984
이기석 외 역해, 『시경』, 홍신문화사, 1980
이성무, 『조선시대 당쟁사』 2, 동방미디어, 2000
이종호, 『우암 송시열』, 일지사, 2000
＿＿＿, 『회재 이언적』, 일지사, 2001
＿＿＿, 『조선을 뒤흔든 아버지와 아들』, 위즈덤하우스, 2001
한국생물과학협회 편, 『생물학사전』, 아카데미서적, 1998
현대문학사 편, 『신한국문학전집』 35, 어문각, 1973

논문
이해웅, 「조선시대 현종, 숙종, 경종, 영조의 질병에 대한 연구」, 동의대 한의학과 박사논문, 2005
이희환, 「경종대의 신축환국과 임인옥사」, 『전북사학』 15, 전북대사학회, 1992
정희선, 「경종조 신임사화의 발생 원인에 대한 재검토」, 전북대학원 석사논문, 1986
조규연, 「경종대 정국과 척신세력의 동향」, 국민대대학원 석사논문, 2000

영조를 만든 경종의 그늘
ⓒ 이종호 2009

초판 인쇄	2009년 3월 2일
초판 발행	2009년 3월 10일

지 은 이	이종호
펴 낸 이	강성민
편 집 장	이은혜
마 케 팅	신정민

펴 낸 곳	(주)글항아리
출 판 등 록	2009년 1월 19일 제406-2009-000002호
주 소	413-756 경기도 파주시 교하읍 문발리 파주출판도시 513-8
전 자 우 편	bookpot@hanmail.net
전 화	031-955-8888(관리)	031-955-8898(편집)
팩 스	031-955-2557

ISBN 978-89-962155-3-0 03900

이 책의 판권은 지은이와 글항아리에 있습니다.
이 책 내용의 전부 또는 일부를 재사용하려면 반드시 양측의 서면 동의를 받아야 합니다.
글항아리는 (주)문학동네의 계열사입니다.

이 도서의 국립중앙도서관 출판시도서목록(CIP)은 e-CIP 홈페이지(http://www.nl.go.kr/ecip)에서 이용하실 수 있습니다.(CIP제어번호 : CIP2009000626)